Mousse celestial

100 recetas de mousse fáciles de seguir para impresionar a sus invitados y satisfacer su gusto por lo dulce

Vicente Delgado

Copyright Material © 2023

Reservados todos los derechos

Ninguna parte de este libro se puede usar o transmitir de ninguna forma o por ningún medio sin el debido consentimiento por escrito del editor y del propietario de los derechos de autor, a excepción de las breves citas utilizadas en una reseña. Este libro no debe considerarse un sustituto del asesoramiento médico, legal o profesional.

TABLA DE CONTENIDO

TABLA DE CONTENIDO	3
INTRODUCCIÓN	7
ESPUMA CLÁSICA	8
1. Mousse De Avellanas	9
2. Mousse de limonada rosa	12
3. Tiramisú de mousse de chocolate y caramelo	14
4. Mousse de huevo de Pascua	17
5. Mousse de chocolate blanco y salsa de kiwi	19
6. Mousse de melón al vino muskat	22
7. Mousse De Aguacate Y Microgreen	24
8. Mousse de algarroba con aguacate	26
9. Mousse de chocolate con asaí	28
10. Mousse de remolacha	31
11. Mousse de chocolate	33
12. Mousse de calabaza moscada	35
13. Mousse de naranjas asadas	37
14. Mousse De Mango	39
15. Mousse de chocolate	41
16. Mousses helados de doble chocolate	43
17. Mousse de arce congelado	46
18. Mousse de café	48
19. Mousse de licor de café	51
20. Mousse de margarita de fresa	53
21. Mousse cremoso de calabaza	55
22. Mousse de desayuno con tarta de queso y limón	57
23. Mousse de Amaretto	59

24. Mousse de albaricoque	61
25. Mousse de selva negra	63
26. Mousse De Mantequilla De Nueces	65
27. Mousse de cereza	67
28. Mousse de cítricos	69
29. Mousse de foie gras y trufa	71
30. Mousse de flores y ron	73
31. Mousse de lima de Florida	75
32. Mousse de chocolate gran marnier	77
33. Mousse de café helado	80
34. Mousse De Malvavisco	82
35. Fondue de mousse de toblerone con merengues	84
36. Mousse de hígado de pato	87
37. Mousse de almendras al chocolate	89
38. Mousse de carne de cangrejo	91
39. Mousse de capuchino de cacao	93
40. Mousse de cangrejo y aguacate	95
41. Mousse de huevo al curry	97
42. Mousse de chocolate oscuro y denso	99
43. Mousse de frambuesa y chocolate negro	101
44. Doble mousse de melocotón	103
45. Mousse de ponche de huevo	106
46. Tarta de mousse elegante	108
47. Mousse de higos frescos	111
48. Mousse de calabaza congelada	114
49. Mousse de jamón	116
50. Mousse de guayaba	118
51. Pastel de mousse a la nectarina	120
52. Mousse de pomelo	124

53. Mousse de avellanas tostadas	126
54. Mousse de miel y lavanda	128
55. Pastel de mousse jamaicano	130
56. Mousse Kahlúa	132
57. Mousse de puerro	134
58. Mousse de lima	136
59. Mousse de limón, cerezas y nueces	138
60. Mousse de mantequilla de limón	140
61. Mousse de cuajada de limón	142
62. Pastel de mousse de limón	144
63. Tarta de mousse de limón y fresa	146
64. Mousse de yogur de limón	149
65. Pastel de mousse de lima	152
66. Tarta de mousse de ron y macadamia	154
67. Mousse de mango y tango	157
68. Mousse de arce	159
69. Tarta de mousse de nuez y arce	161
70. Mousse a la naranja	163
71. Cheesecake de mousse de frambuesa del jardín de olivos	165
72. Mousse de maracuyá	168
73. Mousse de melocotón	170
74. Mousse de piña y naranja	172
75. Mousse de calabaza y praliné	174
76. Mousse de camembert real	176
77. Mousse de mandarina y variaciones	178
78. Mousse de piña con coco rallado tostado	180

COPAS DE MOUSSE   **183**

79. Copas de mousse de vainilla	184
80. Copas de mousse de chocolate S'mores	186

81. Tazas de mousse de café	188
82. Copas de mousse de caramelo salado	191
83. Copas de mousse de Nutella	193

CÚPULAS DE MOUSSE — 195

84. Cúpulas de mousse de fresa con relleno de crema pastelera	196
85. Cúpulas de mousse de chocolate y naranja	201
86. Domos de Panna Cotta y Mousse de Mango	206
87. Mini cúpula de mousse de arándanos con glaseado de espejo	209
88. Cúpula de tarta de mousse de matcha	215

TORTAS Y TARTAS DE MOUSSE — 218

89. Mousse De Tarta De Queso Con Chispas De Menta	219
90. Mousse De Tarta De Queso De Terciopelo Rojo	222
91. Mini tortas de mousse de cacao	225
92. Magdalenas De Ratón	227
93. Tarta de mousse de chocolate blanco y fresas	229
94. Torta de mousse con corteza de oreo	232
95. Cannoli tiernos con mousse de limón	235
96. Bizcocho de levadura de calabaza	238
97. Pastel de mousse de chocolate congelado de Bailey's	240
98. Tarta de mousse de crema irlandesa de Bailey	245
99. Mousse de chocolate de Bailey	247
100. Mousse de Baileys con pizzelle de vainilla	249

CONCLUSIÓN — 251

INTRODUCCIÓN

Una mousse es un plato salado o dulce con la consistencia de una espuma densa, compuesto por un ingrediente principal en puré mezclado con claras de huevo batidas a punto de nieve, crema batida o ambos. Las mousses son casi siempre platos fríos, y las mousses dulces a veces se sirven congeladas. Las mousses saladas se preparan con frecuencia a partir de aves de corral, foie gras, pescado o mariscos, y se comen como primer plato o entrada ligera. Pueden estabilizarse mediante la adición de gelatina.

La mousse de chocolate, entre los tipos de mousse más conocidos, se puede hacer con nata montada o claras de huevo batidas, con la adición de chocolate agridulce y azúcar. Las mousses de chocolate y moca a veces se preparan con una base de natillas. Para una mousse de frutas, la fruta en puré o el jugo reemplazan la leche en las natillas. El término mousse también se usa para los postres de gelatina que se baten hasta formar espuma después de que se hayan fraguado parcialmente.

La mousse se originó en el siglo XVIII en Francia, donde la palabra mousse se traduce como "espuma" y describe la textura aireada de la mousse.

ESPUMA CLÁSICA

1. <u>Mousse De Avellana</u>

Rinde: 10 porciones

INGREDIENTES:

PASTEL
- 1 taza de harina para todo uso
- 1 taza de azúcar granulada
- ¼ taza + 2 cucharadas de cacao en polvo sin azúcar
- 1 cucharadita de bicarbonato de sodio
- ½ cucharadita de levadura en polvo
- ½ cucharadita de sal
- ½ taza de café caliente
- ½ taza de aceite de sabor neutro
- ½ taza de leche, entera o reducida en grasa
- ½ cucharadita de extracto de vainilla
- 1 huevo grande

MOUSSE DE CHOCOLATE Y AVELLANA
- 1 ½ tazas de crema batida espesa, fría
- ¾ taza de chocolate con avellanas para untar
- Sugerencias para aderezos/guarniciones
- Virutas de chocolate
- Chispas de chocolate
- Cacao en polvo sin azúcar
- Crema batida

INSTRUCCIONES:
PREPARAR PASTEL
a) Precaliente el horno a 325 °F y reserve un molde para hornear cuadrado de 8 pulgadas engrasado o un molde para hornear redondo de 9 pulgadas.
b) En un tazón grande, mezcle la harina para todo uso, el azúcar, el cacao en polvo, el bicarbonato de sodio, el polvo para hornear y la sal. Dejar de lado.
c) En un recipiente aparte, mezcle el café, el aceite, la leche, la vainilla y el huevo.
d) Agregue INGREDIENTES: líquido a la mezcla de harina y bata hasta que esté bien combinado. Transfiera la masa al molde para hornear preparado y hornee hasta que un palillo insertado cerca del centro salga limpio, aproximadamente de 30 a 40 minutos. Enfríe en la sartén durante 15 minutos, luego transfiéralo a una rejilla para que se enfríe por completo.

PREPARAR ESPUMA
e) En un tazón grande, bata la crema batida a velocidad media-alta hasta que se formen picos rígidos.
f) Agregue la crema de chocolate con avellanas y mezcle suavemente hasta que esté bien combinado y no queden rayas.
g) Si lo desea, transfiera la mousse a una manga pastelera.

ENSAMBLAJE DE BARATAS
h) Cortar el pastel enfriado en trozos del tamaño de un bocado.
i) Divide la mitad de los pedazos de pastel entre los platos para servir.
j) Coloca con una cuchara o una cuchara la mitad de la mousse sobre el pastel.
k) Cubra con el pastel restante y la mousse. Adorne como desee.
l) Las bagatelas deben mantenerse refrigeradas hasta que estén listas para servir.

2. Mousse de limonada rosa

Rinde: 4 porciones

INGREDIENTES:
- 2 cucharaditas de cáscara de limón, finamente rallada
- 1 taza de crema para batir
- 1¼ taza de azúcar
- 1 cucharadita de extracto de limón
- Colorante alimentario rosa
- Flores comestibles, para decorar

INSTRUCCIONES:
a) Enfríe el tazón en el congelador hasta que esté listo para usar.
b) En un tazón frío, bata todos los ingredientes hasta que estén suaves y esponjosos.
c) Sirva en copas con tallo y decore con las flores comestibles de su elección.

3. Tiramisú de mousse de chocolate y caramelo

Hace: 12

INGREDIENTES:
- 400 g de chocolate negro, picado
- 400 g de chocolate con leche, troceado
- 6 huevos, separados
- 1 ½ hojas de gelatina de titanio, ablandadas en agua fría durante 5 minutos
- Crema espesa 900ml
- 2 cucharaditas de pasta de vainilla
- ½ taza de azúcar en polvo
- 1 taza de licor de café
- 400 g de bizcochos ladyfinger
- Cacao, para espolvorear

MOUSSE DE CARAMELO
- Crema espesa 800ml
- 2 hojas de gelatina de fuerza de titanio, ablandadas en agua fría durante 5 minutos
- 2 frascos de 250 g de dulce de leche comprado en la tienda, batido ligeramente para aflojar

INSTRUCCIONES:
a) Coloque los chocolates en un recipiente resistente al calor colocado sobre una cacerola con agua hirviendo a fuego lento y revuelva hasta que se derrita y esté suave. Enfríe un poco, luego transfiéralo a una batidora de pie con el accesorio de paleta.
b) Batir las yemas de huevo.
c) Coloque 300 ml de nata en una cacerola pequeña a fuego lento y cocine a fuego lento. Exprima el exceso de agua de la gelatina y revuelva en la crema hasta que se derrita y se combine. En 3 lotes, mezcle con la mezcla de chocolate hasta que quede suave. Transfiera a un tazón grande y limpio.
d) Batir los 600 ml restantes de nata con la vainilla a punto de nieve. Enfriar.

e) Coloque las claras de huevo en una batidora de pie con el accesorio para batir y bata a punto de nieve. Agregue azúcar, 1 cucharada a la vez, y bata hasta que se disuelva y la mezcla esté brillante.

f) Doble la crema batida en una mezcla de chocolate, luego, en 2 lotes, doble las claras de huevo batidas. Enfríe hasta que esté listo para ensamblar.

g) Para la mousse de caramelo, coloque 200 ml de nata en una cacerola pequeña a fuego lento y cocine a fuego lento. Exprima el exceso de agua de la gelatina y revuelva en la crema hasta que se derrita y se combine. Enfriar un poco. Coloque los 600 ml de crema restantes en una batidora de pie con el accesorio para batir y bata hasta obtener picos suaves. Incorpore la mezcla suelta de dulce de leche y gelatina hasta que se mezclen. Enfriar durante 30 minutos.

h) Colocar el licor de café en un bol amplio. Mojar la mitad de los bizcochos ladyfinger en licor y disponerlos en doble capa en la base de una fuente de 6L. Vierta sobre la mitad de la mousse de chocolate. Sumerja las galletas restantes en licor y colóquelas en una capa doble sobre la mousse. Cubra con mousse de caramelo, alisando la parte superior con una espátula. Refrigere durante 2-3 horas hasta que cuaje. Coloque la mousse de chocolate restante en una manga pastelera provista de una boquilla plana de 1 cm y refrigere hasta que esté lista para usar.

i) Coloque la mousse de chocolate restante sobre la parte superior de la mousse de caramelo. Refrigere durante 4-5 horas o toda la noche hasta que cuaje. Espolvorear con cacao, para servir.

4. mousse de huevo de pascua

Rinde: 4 porciones

INGREDIENTES:
- 8 barras de chocolate de 25 g
- 25 g de mantequilla
- 75 g de malvaviscos Freedom
- 30 ml de agua
- ½ cucharadita de extracto de vainilla
- 140ml crema doble

INSTRUCCIONES:
a) Derrita 3 de las barras de chocolate en un recipiente resistente al calor sobre una cacerola con agua hirviendo.
b) Retire las mitades de huevo de los moldes y vuelva a colocarlos en la nevera.
c) Coloque las barras de chocolate restantes, la mantequilla, los malvaviscos y el agua en una cacerola pequeña.
d) Cocine a fuego lento y revuelva bien hasta que la mezcla tenga una textura suave. Retire del fuego y deje enfriar.
e) Agregue el extracto de vainilla a la crema doble y bata hasta que se formen picos firmes.
f) Doble suavemente la crema doble batida en la mezcla suave de chocolate y divídala en partes iguales entre los moldes para huevos de Pascua.

5. Mousse de chocolate blanco y salsa de kiwi

Rinde: 4 porciones
INGREDIENTES:
- 1½ hojas de gelatina
- 7 onzas de chocolate blanco
- 1 huevo
- 3 kiwis
- rodajas de limon
- Fresas o kiwi en rodajas
- 1 yema de huevo
- 1 cucharada de Cointreau o Grand Marnier
- 10 onzas de crema
- Rodajas de fruta con azúcar glas

INSTRUCCIONES:

a) Remoje las hojas de gelatina en agua fría durante 10 minutos para que se ablanden. Derrita el chocolate en un recipiente resistente al calor sobre una cacerola con agua caliente, pero no hirviendo. Dejar enfriar pero no fijar.

b) Bate el huevo y la yema en un recipiente de acero inoxidable sobre una cacerola con agua caliente, pero no hirviendo, hasta que espese. Exprima las hojas de gelatina y revuélvalas en la mezcla tibia de huevo hasta que se derrita. Dejar enfriar sin dejar de batir.

c) Agregue el chocolate derretido a la mezcla, poco a poco, hasta que la mezcla esté suave y uniforme. Agregue el licor.

d) Batir la nata hasta que espese e incorporarla con cuidado a la mezcla de chocolate.

e) Metemos la mousse en la nevera durante 2 horas, hasta que cuaje.

f) Mientras tanto, hacer la salsa. Pela los kiwis y hazlos puré en una batidora o procesador de alimentos. Agregue azúcar glas al gusto, si es necesario.

g) Mantenga la salsa fría hasta que esté lista para servir.

h) Vierta un poco de salsa en 4 platos individuales. Forme la mousse en bolas con forma de huevo, usando dos cucharadas tibias, y colóquelas encima de la salsa.

i) Adorne con unas hojas de limón, fresas en rodajas o rodajas de kiwi.

6. Mousse de melón al vino muskat

Rinde: 6 porciones

INGREDIENTES:
- 11 onzas de pulpa de melón
- ½ taza de vino dulce Muskat
- ½ taza de azúcar
- 1 taza de crema espesa
- ½ taza de azúcar
- ½ taza de agua
- frutas variadas
- 1½ cucharada de gelatina
- 2 claras de huevo
- 2 tazas de vino dulce Muskat
- 1 rama de canela
- 1 vaina de vainilla

INSTRUCCIONES:
a) En una licuadora, procese la pulpa del melón hasta obtener un puré suave.
b) Ponga la gelatina y ½ taza de vino Muskat en una cacerola pequeña y hierva, mezcle bien para asegurarse de que la gelatina se disuelva por completo. Agregue la mezcla de gelatina al puré de melón y mezcle bien. Poner sobre un recipiente lleno de cubitos de hielo.
c) Mientras tanto, batir las claras de huevo, añadiendo el azúcar poco a poco, hasta que espese. Pasar la mousse a un bol.
d) Para hacer la salsa, ponga el azúcar y el agua en una olla mediana, lleve a ebullición y cocine a fuego lento hasta que espese y se dore. Agregue 2 tazas de vino Muskat, canela en rama, vaina de vainilla y una tira de cáscara de naranja. Hervir.

7. Mousse De Aguacate Y Microgreen

*Marcas:*3

INGREDIENTES:
- 2 puñados generosos de microvegetales suaves y más para decorar
- 1 aguacate
- 2 cucharadas de jugo de limón
- 1 taza de leche de cualquier tipo
- 1 plátano
- 1 taza de trozos de piña
- 1 cucharada de semillas de lino o chia
- 1 cucharada de azúcar o miel, al gusto

INSTRUCCIONES:
a) Mezclar todos los ingredientes hasta que quede suave.
b) Servir en un plato de postre.
c) Decorar con microgreens.

8. Mousse de algarroba con aguacate

Hace: 1 porción

INGREDIENTES:
- 1 cucharada de aceite de coco, derretido
- ½ taza de agua
- 5 fechas
- 1 cucharada de polvo de algarroba
- ½ cucharadita de vainilla molida 1 aguacate
- ¼ taza de frambuesas, frescas o congeladas y descongeladas

INSTRUCCIONES:
a) En un procesador de alimentos, combine el agua y los dátiles.
b) Mezcle el aceite de coco, el polvo de algarroba y la vaina de vainilla molida.
c) Agregue el aguacate y mezcle por unos segundos.
d) Servir con frambuesas en un bol.

9. Mousse de chocolate con asaí

Rinde: 4 porciones

INGREDIENTES:
- 100 g de trocitos de chocolate negro sin azúcar
- 175 g de dátiles sin hueso
- 5 claras de huevo
- 3 cucharaditas de azúcar de coco
- ¼ taza de Açaí en polvo
- 2 tazas de yogur griego/natural
- 2 cucharadas de agua de coco en polvo
- 3 cucharadas de miel

ADICIÓN:
- Hojuelas de coco
- Arándanos/frambuesas

INSTRUCCIONES:

a) Ponga los dátiles en una cacerola y cubra con agua. Lleve a ebullición y luego cocine a fuego lento hasta que los dátiles estén muy suaves, revolviendo ocasionalmente.

b) Derrita el chocolate en un recipiente resistente al calor sobre una cacerola con agua hirviendo. Dejar enfriar un poco.

c) Procese los dátiles y el líquido hirviendo restante en un procesador de alimentos hasta que quede suave. Deje enfriar, agregue el chocolate y procese hasta que se mezclen.

d) Mezcle el yogur, el polvo de Açaí y la miel en un tazón hasta que se mezclen.

e) Bate las claras de huevo en un tazón muy limpio y seco hasta que se vuelvan blancas y rígidas. Agregue 1 cucharadita de azúcar de coco y bata por un minuto, agregue el azúcar de coco restante y bata hasta que las claras de huevo se vuelvan brillantes.

f) Agregue una cucharada pequeña de clara de huevo a la mezcla de dátiles para aflojar y luego doble suavemente ⅓ de las claras de huevo.

g) Vierta una capa delgada de la mezcla de chocolate con dátiles en cada taza y póngala en el refrigerador por 15 minutos.

h) Mientras tanto, doble suavemente las claras de huevo restantes en la mezcla de Açaí. Dividir entre tazas y poner en la nevera durante al menos una hora.

i) ¡Sirva cubierto con arándanos frescos, hojuelas de coco, nueces o los ingredientes que elija!

10. <u>Crema de remolacha</u>

Rinde: 1 porción

INGREDIENTES:
- 3 remolachas medianas; cocinado en su piel
- 2½ tazas de caldo de pollo
- 2 paquetes de gelatina sin sabor
- 1 taza de yogur sin sabor
- 2 cucharadas de jugo de limón o lima
- 1 cebolla pequeña rallada
- 1 cucharada de azúcar
- 1 cucharada de mostaza
- Sal y pimienta; probar

INSTRUCCIONES:
a) Remolacha pelada y cocida en cubos.
b) Coloque la gelatina en un recipiente con 6 T de agua y revuelva. Deje reposar durante 2 minutos y vierta el caldo de pollo caliente revolviendo.
c) Procesar juntos todos los ingredientes excepto la gelatina. Condimento correcto.
d) Agregue gelatina enfriada y procese solo para mezclar.
e) Verter en un molde engrasado a punto 6. Desmoldar y servir en el centro del plato rodeado de ensalada de pollo al curry o ensalada de camarones

11. <u>Mousse de chocolate</u>

Rinde: 2 porciones

INGREDIENTES:
- 4 onzas de leche de almendras
- 2 cucharadas de mezcla de superalimentos de proteína de cacao
- 3 piezas de pulpa de coco
- 4 citas
- 1 cucharada de mantequilla de coco
- ½ aguacate
- 1 cucharada de mantequilla de maní, en polvo
- 2 cucharadas de hojuelas de coco
- 1 cucharadita de Ashwagandha
- ½ cucharadita de polvo de perlas
- ½ cucharadita de sal marina rosa del Himalaya
- ½ cucharadita de cúrcuma en polvo
- 1 cucharada de miel de Manuka
- 2 gotas de estevia

INSTRUCCIONES:
a) En una licuadora, combine todos los ingredientes.
b) Sirva adornado con fruta fresca, fresas, bayas de goji, granola y hojuelas de coco.

12. Mousse De Calabaza Butternut

Rinde: 4 porciones

INGREDIENTES:
- 2 tazas de calabaza moscada, pelada y en cubos
- 1 taza de agua
- 1 cucharadita de jugo de limón
- 1 taza de anacardos o piñones
- 4 dátiles: sin hueso y sin tallos
- ½ cucharadita de canela
- 1 cucharadita de nuez moscada
- 2 cucharaditas de extracto de vainilla orgánico

INSTRUCCIONES:
a) En una licuadora, combine todos los ingredientes y mezcle durante aproximadamente 5 minutos, o hasta que estén bien combinados.
b) Transfiera a tazas para servir individuales o a un plato grande para servir.
c) Esto se puede dejar en el refrigerador durante la noche, y los sabores se mezclarán, haciéndolo aún más picante.
d) Rocíe con jarabe de arce antes de servir.

13. Mousse de naranjas asadas

Hace: 4–6

INGREDIENTES:
- 2 naranjas grandes, sin piel
- 2 tazas de azúcar en polvo
- 1¼ tazas de crema espesa
- 1 taza de yogur natural
- 2 cuadrados de chocolate amargo, raspado

INSTRUCCIONES:
a) Forre cada naranja individualmente y colóquela en una bandeja.
b) Introduce la bandeja en el horno de leña, cierra la puerta y déjala durante 8-10 horas.
c) Coloque las naranjas y el azúcar en un procesador de alimentos y haga puré hasta que quede completamente suave.
d) Vierta la mezcla de naranja en un colador sobre un tazón, empújelo con una cuchara y deseche los pedacitos medulares.
e) Coloque la crema en un plato para mezclar separado una vez que la mezcla de naranja se haya enfriado.
f) Agregue el yogur y la crema espesa, revolviéndolos un poco para mostrar la capa naranja.
g) Transferir a un plato de servir. Refrigere durante aproximadamente una hora, o hasta que cuaje.
h) Decorar con chocolate rallado.

14. mousse de mango

INGREDIENTES:
- 3 libras de mangos maduros, pelados
- 11/2 tazas de crema para batir
- 2 claras de huevo
- 2 cucharadas de jugo de lima
- 1 taza de azúcar
- 2 paquetes de gelatina
- 1/2 taza de agua caliente

INSTRUCCIONES:

a) Haga puré los mangos en una licuadora o procesador de alimentos; cuele después si todavía tiene hebras.

b) Vierta la nata en un bol pequeño y póngalo en el congelador durante 10 minutos. Bata las claras de huevo a punto de nieve.

c) Batir la nata a punto de nieve y reservar en la nevera.

d) Suavice la gelatina en un poco de agua fría, luego disuelva la gelatina y el azúcar en la 1/2 taza de agua caliente. Agregue al puré de mango en un tazón para mezclar junto con jugo de limón y azúcar al gusto. La cantidad de azúcar y limón depende de la acidez del mango y del gusto personal.

e) Dobla las claras de huevo, la crema y el mango hasta que estén bien mezclados. Vierta en platos para servir y déjelos en el refrigerador durante 6 horas.

15. <u>mousse de chocolate</u>

Rinde: 10 porciones de un cuarto de taza

INGREDIENTES:
- 1 libra de tofu sedoso o suave
- 1 cucharadita de extracto de vainilla
- 1 cucharada de miel
- 3/4 cucharadita de chile ancho puro en polvo 1/8 cucharadita de sal
- 1/4 cucharadita colmada de canela
- 5-1/4 onzas de chocolate negro cortado en trozos muy pequeños
- 3 cucharadas de Kahlua, Grand Marnier, Cointreau o triple sec, o sustituya el jugo de naranja

INSTRUCCIONES:
a) Ponga el tofu, la vainilla, la miel, el chile en polvo, la sal y la canela en el recipiente de un procesador de alimentos con cuchilla de acero.
b) Coloque un recipiente de acero inoxidable sobre una olla de tamaño pequeño a mediano con agua hirviendo. Agregue el chocolate y el licor o el jugo de naranja a la olla y revuelva frecuentemente con una cuchara de madera hasta que el chocolate se haya derretido por completo, 1 a 2 minutos.
c) Agregue la mezcla de chocolate al procesador de alimentos y procese con los demás ingredientes durante 1 minuto, deteniéndose según sea necesario para raspar los lados del tazón. Vierta la mezcla en un tazón grande o en platos pequeños separados para servir.
d) Cubra con una envoltura de plástico y enfríe durante varias horas.

16. <u>Mousses helados de doble chocolate</u>

Rinde: 6 porciones

INGREDIENTES:
- 3 a 4 cucharadas de leche muy caliente
- 1/4 onza de sobre de gelatina sin sabor
- 1 1/2 tazas de trozos de chocolate blanco
- 4 cucharadas de mantequilla sin sal
- 2 claras de huevo grandes
- 1/2 taza de azúcar superfina
- 1/2 taza de chocolate negro finamente picado
- 1/2 taza de crema espesa, ligeramente batida
- 1/2 taza de yogur estilo griego
- 18 granos de café o pasas cubiertos de chocolate
- 1 cucharadita de cacao en polvo sin azúcar, tamizado

INSTRUCCIONES:
a) Espolvorea la gelatina sobre la leche caliente y revuelve para disolver.
b) Si es necesario, calienta en el microondas durante 30 segundos para ayudar a que se disuelva. Derrita el chocolate blanco y la mantequilla suavemente hasta que quede suave. Agregue la gelatina disuelta y déjala enfriar, pero no deje que se endurezca nuevamente.
c) Batir las claras de huevo con fuerza, luego batir gradualmente el azúcar y doblar el chocolate negro.
d) Mezcle con cuidado el chocolate blanco enfriado, la crema batida, el yogur y las claras de huevo. Coloque la mezcla en 6 moldes individuales, o en un molde grande, forrado con una envoltura de plástico para facilitar el desmoldado. Aplane cuidadosamente las partes superiores. Cubra y congele durante 1 a 2 horas o toda la noche.
e) Para servir, afloje los bordes superiores con un cuchillo pequeño. Invierta cada molde en un plato para servir y limpie con un paño caliente o retire suavemente la mousse con la envoltura de plástico.
f) Regrese los mousses al congelador, hasta que esté listo para comer.
g) Sirva con granos de café o pasas cubiertos de chocolate y un poco de chocolate en polvo tamizado.

17. Mousse De Arce Congelado

Rinde: 6 porciones

INGREDIENTES:
- 3/4 taza de jarabe de arce real
- yemas de huevo, bien batidas
- 2 tazas de crema para batir, batida rígidamente

INSTRUCCIONES:
a) Caliente el jarabe en la parte superior de la caldera doble. Agregue un poco de jarabe a las yemas de huevo, luego revuelva las yemas en el jarabe. Cocine, revolviendo constantemente, hasta que espese. Retire del fuego y enfríe completamente.
b) Incorpore la mezcla a la crema batida.
c) Vierta en moldes o vasos de postre, sirva frío o congelado.

18. mousse de café

Hace: 4

INGREDIENTES:
- 2 1/2 cucharadas de azúcar en polvo
- 4 huevos
- 3/4 taza + 2 cucharadas de crema espesa
- 3 cucharadas de café instantáneo en polvo
- 1 cucharada de cacao en polvo sin azúcar
- 1 cucharadita de gelatina en polvo
- 1 cucharada de Café Instantáneo en Polvo y Cacao en Polvo, mezclados - opcional, para terminar el mousse

INSTRUCCIONES:

a) Separar las yemas y las claras de huevo. Coloque las yemas de huevo en un tazón grande y las claras en el tazón de su batidora. Dejar de lado.

b) Coloque la gelatina en polvo en un recipiente pequeño con agua fría, mezcle y deje reposar.

c) Agregue el azúcar en polvo a las yemas de huevo y bata hasta que esté espumoso y de color más claro.

d) Coloque la crema espesa, el café instantáneo en polvo y el cacao en polvo en una cacerola pequeña y caliéntelo a fuego lento hasta que los polvos se hayan disuelto, revolviendo ocasionalmente. No dejes que la nata hierva.

e) Vierta la Crema Pesada caliente sobre la Yema de Huevo y el Azúcar mientras bate. Batir bien, luego transferir de nuevo a la cacerola a fuego lento. Siga batiendo hasta que la crema comience a espesar, luego retírela directamente del fuego y transfiérala nuevamente a un tazón grande y limpio.

f) Añadir la Gelatina rehidratada a la nata y batir bien hasta integrar por completo. Ponga a un lado para que se enfríe por completo.

g) Mientras la crema se enfría, comience a batir las claras de huevo para obtener picos rígidos.

h) Cuando la crema esté fría, agregue suavemente las claras de huevo batidas de 3 a 4 veces. Trate de no sobrecargar la crema.

i) Vierta el Mousse de café en tazas o frascos individuales y colóquelo en el refrigerador para que cuaje durante al menos 2 horas.

j) Opcional: cuando esté listo para servir, espolvoree un poco de Café Instantáneo en Polvo y Cacao en Polvo sobre las mousses para terminarlas.

19. <u>Mousse De Licor De Café</u>

INGREDIENTES:
- 4 huevos, separados
- 1/4 taza de licor de café
- 1/4 taza de jarabe de arce
- 1/8 taza de coñac
- 1 taza de agua
- 1 taza de crema batida

INSTRUCCIONES:
a) En una licuadora o con una batidora eléctrica, mezcle las yemas de huevo, el jarabe de arce y el agua. Transferir a una cacerola y llevar a ebullición. Retire del fuego y agregue el licor de café y el coñac. Enfriar.
b) Batir la crema y las claras de huevo hasta que se formen picos suaves.
c) Incorporar con cuidado a la mezcla de licor fría.
d) Vierta en vasos pequeños y enfríe 2 horas.

20. Mousse de margarita de fresa

Rinde: 5 porciones

INGREDIENTE:
- 4 tazas de fresas enteras, sin cáscara
- 1 taza de azúcar
- 3 cucharadas de agua hirviendo
- 4 cucharaditas de gelatina sin sabor
- ¼ taza de tequila
- 1 cucharada de Triple sec u otro licor con sabor a naranja
- 2 tazas de yogur natural sin grasa

INSTRUCCIONES:
a) Coloque las fresas en una licuadora y procese hasta que quede suave.
b) Vierta en un tazón grande; agregue el azúcar. Tape y deje reposar 30 minutos, revolviendo ocasionalmente.
c) Combine el agua hirviendo y la gelatina en un tazón pequeño; deja reposar 5 minutos o hasta que la gelatina se disuelva, revolviendo constantemente. Agrega el tequila y el triple sec, y revuelve bien. Revuelva la mezcla de gelatina en la mezcla de fresa.
d) Cubra y enfríe durante 10 minutos o hasta que la mezcla comience a espesar. Agregue el yogur, revolviendo con un batidor de alambre hasta que esté bien mezclado.
e) Divide la mezcla en partes iguales entre 5 copas de margarita o copas grandes; cubra y enfríe por lo menos 4 horas o hasta que cuaje.

21. Mousse Cremoso De Calabaza

Hace: 10

INGREDIENTES:
- Lata de 15 onzas 100% calabaza pura
- Paquete de 6 porciones de pudín instantáneo de vainilla sin azúcar
- 1/4 taza de leche baja en grasa
- 1 cucharadita de canela molida
- 2 tazas de cobertura batida ligera congelada, descongelada

INSTRUCCIONES:

a) En un tazón mediano, con una batidora eléctrica a velocidad media, bata la calabaza, la mezcla para pudín, la leche y la canela hasta que estén bien mezclados.

b) Agregue la cobertura batida hasta que esté bien mezclada y luego vierta en un tazón para servir o en vasos de postre individuales.

c) Cubra sin apretar y enfríe hasta que esté listo para servir.

22. Mousse de desayuno con tarta de queso y limón

Marcas: 2

INGREDIENTES:
- 3 cucharadas de queso crema
- 1 cucharada de jugo de limón
- 1.69 onzas de crema espesa
- 3.38 onzas de yogur
- 1 cucharada de xilitol
- 1/8 cucharadita de sal
- 2 cucharadas de proteína de suero en polvo

INSTRUCCIONES:
a) Mezcle el queso crema y el jugo de limón en un tazón hasta que quede suave.
b) Agregue la crema espesa y mezcle hasta que esté batida. Agregue suavemente el yogur.
c) Pruebe y ajuste el edulcorante si es necesario.
d) Sirva con ¼ de taza de coulis de bayas.

23. mousse de amaretto

Rinde: 6 porciones

INGREDIENTES:
- 1 pinta de crema para batir
- 1 cucharada de gelatina en polvo
- 3 onzas de licor Amaretto
- 4 huevos
- 3 cucharadas de azúcar glas
- Extracto de vainilla, al gusto
- Extracto de almendra, al gusto
- 1 taza de almendras rebanadas y tostadas

INSTRUCCIONES:
a) Batir la crema fresca y espesa. Coloque en el refrigerador hasta que esté listo para usar.
b) Disolver la gelatina en polvo en Amaretto al baño maría. Mantener caliente hasta que esté listo para usar.
c) Combine los huevos y el azúcar glas en una caldera doble separada.
d) Caliente a temperatura baja hasta que esté tibio mientras bate constantemente.
e) Retire la mezcla de huevo y azúcar del fuego y mezcle a alta velocidad hasta que la consistencia alcance picos firmes.
f) Incorpore la mezcla de gelatina a los huevos.
g) Incorpore la crema batida y agregue vainilla y extracto de almendras al gusto.
h) Llene los vasos de postre y colóquelos en el refrigerador hasta que estén firmes, aproximadamente 1 hora.
i) Adorne con almendras tostadas en rodajas.

24. mousse de albaricoque

Rinde: 6 porciones

INGREDIENTES:
- 1¾ taza de agua
- 6 onzas de gelatina de limón
- 8 albaricoques, maduros
- 2 cucharadas de brandy o brandy de albaricoque
- 1 taza de crema batida, fresca

INSTRUCCIONES:
a) En una cacerola grande, hierva el agua. Retire del fuego, agregue la gelatina y revuelva hasta que se disuelva. Ponga a un lado y deje que se enfríe.
b) Enjuague bien los albaricoques, córtelos por la mitad y retire los huesos. Haga puré en una licuadora o procesador de alimentos hasta que quede suave. Agregue el puré de albaricoques y el brandy a la mezcla de gelatina enfriada y refrigere hasta que espese un poco, aproximadamente 1 hora.
c) Bate la mezcla de albaricoque ligeramente, luego incorpora la crema batida.
d) Transfiera la mousse a un molde o plato para servir y enfríe hasta que esté firme.

25. mousse selva negra

Rinde: 10 porciones

INGREDIENTES:
- 1 onza de chocolate sin azúcar; derretir
- 14 onzas de leche condensada azucarada
- 1 taza de agua fría
- 1 paquete de pudín instantáneo de chocolate; 4 porciones
- ¾ cucharadita de extracto de almendras
- 2 tazas de crema espesa; azotado
- 21 onzas de relleno de tarta de cerezas; enfriado

INSTRUCCIONES:
a) En un tazón grande, bate el chocolate con la leche condensada azucarada.
b) Batir en agua, luego la mezcla de pudín y ½ cucharadita de extracto. Congelar 5 minutos. Incorpore la crema batida.
c) Sirva porciones iguales en 10 platos de postre.
d) Revuelve el ¼ de cucharadita de extracto restante en el relleno para pastel de cerezas; cuchara sobre los postres.

26. Mousse De Mantequilla De Nueces

Rinde: 4 porciones

INGREDIENTES:
- ¾ taza de pecanas
- 1 cucharada de mantequilla, derretida
- Dos paquetes de 8 onzas de queso crema ablandado
- ¼ de taza) de azúcar
- ¼ de taza de azúcar morena compactada
- ½ cucharadita de vainilla
- 1 taza de crema para batir, batida
- Trozos de nuez tostada para decorar

INSTRUCCIONES:
a) Cubra las nueces con mantequilla; hornee en una bandeja para hornear a 350F. unos 5 minutos hasta que esté tostado. Picar finamente; dejar de lado.
b) Bate el queso crema; batir en azúcares y vainilla. Agregue las nueces.
c) Incorpora la crema batida a las nueces; revuelva en platos para servir. Adorne con trozos de nuez tostada.

27. mousse de cereza

Rinde: 6 porciones

INGREDIENTES:
- 6 huevos grandes, separados
- ½ taza de azúcar
- ¼ taza más 2 cucharadas de agua
- 3½ pintas de crema espesa
- 3½ tazas de cerezas ácidas o dulces, en puré

INSTRUCCIONES:
a) Coloque las claras en el refrigerador y las yemas en un tazón grande de acero inoxidable y reserve.
b) En una cacerola pesada, combine el azúcar y el agua. Mezcle hasta que se disuelva y coloque a fuego alto. Hervir durante 2 a 3 minutos. Cuando esté claro y el azúcar esté completamente disuelto, retírelo del fuego y mezcle rápidamente con las yemas de huevo.
c) Con una batidora eléctrica, bate esta mezcla a alta velocidad durante 5 a 8 minutos o hasta que esté firme y brillante. Dejar de lado.
d) Montar la nata hasta que se formen picos rígidos y reservar. Batir las claras de huevo para formar picos rígidos y reservar.
e) Agregue el puré de cerezas a la mezcla de yema de huevo y mezcle bien. Agregue la crema batida y luego las claras de huevo. Vierta en platos individuales o en un tazón grande y refrigere rápidamente durante al menos 2 horas, más tiempo si es posible.
f) Sirva con crema batida o nueces como guarnición.

28. <u>mousse de cítricos</u>

Rinde: 8 porciones

INGREDIENTES:
- ⅓ taza de azúcar
- 1 sobre de gelatina sin sabor
- 1½ cucharadita de maicena
- 2 cucharaditas de cáscara de naranja o mandarina finamente rallada
- 1 taza de jugo de naranja o jugo de mandarina
- 4 huevos batidos
- 2 cucharadas de licor de naranja
- 6 claras de huevo
- 3 cucharadas de azúcar
- 1½ taza de crema para batir

INSTRUCCIONES:
a) En una cacerola grande combine ⅓ taza de azúcar, gelatina y maicena.
b) Agregue la cáscara de naranja, el jugo de naranja y las yemas de huevo.
c) Cocine y revuelva a fuego lento hasta que la gelatina se disuelva y la mezcla se espese un poco. Alejar del calor.
d) Agregue el licor de naranja. Enfríe hasta obtener una consistencia de jarabe de maíz, revolviendo con frecuencia. Retire del refrigerador.
e) Inmediatamente bata las claras de huevo hasta que se formen picos suaves. Agrega poco a poco las 3 cucharadas de azúcar, batiendo hasta que se formen picos.
f) Cuando la mezcla de gelatina esté parcialmente cuajada, incorpora las claras de huevo.
g) En un tazón grande para mezclar, bata la crema batida hasta que se formen picos suaves. Incorporar a la mezcla de gelatina.
h) Enfríe hasta que la mezcla se amontone cuando se sirve con una cuchara. Conviértalo en un plato de soufflé de 2 cuartos. Cubra y enfríe alrededor de 6 horas o hasta que esté firme

29. Mousse de foie gras y trufa

Rinde: 1 porciones

INGREDIENTES:
- 1 1/4 libras de Foie Gras Grado A; a temperatura ambiente
- ¼ taza de coñac
- ¼ taza de crema espesa
- Sal
- Pimienta negra recién molida
- ½ onza de trufas negras finamente picadas
- 1 docena de puntos tostados

INSTRUCCIONES:
a) En un procesador de alimentos equipado con una hoja de metal, agregue el foie gras y haga puré hasta que quede suave. Añadir el coñac y la nata.
b) Procese hasta que quede suave. Condimentar con sal y pimienta.
c) Retire del procesador y agregue las trufas.
d) Coloque la mousse en un plato de porcelana de 2 tazas.
e) Servir la mousse a temperatura ambiente con las puntas tostadas.

30. Mousse de flores y ron

Rinde: 8 porciones

INGREDIENTES:
- 6 onzas de chocolate amargo
- 6 huevos grandes, separados
- 1 cucharada de Cointreau o Grand Marnier
- ¾ taza de crema para batir
- Chispas de chocolate
- 8 Claveles u otras Flores pequeñas
- brandy

INSTRUCCIONES:

a) En la parte superior de una caldera doble sobre agua hirviendo, derrita el chocolate. Retire del fuego, deje que se enfríe.

b) Bate las claras de huevo hasta que se formen picos y la mezcla esté brillante pero no seca; déjalos a un lado. batir ligeramente las yemas con el ron.

31. Mousse de lima de Florida

Rinde: 6 porciones

INGREDIENTES:
- ¾ taza de jugo de limón fresco
- 1 Sobre de gelatina sin sabor
- 4 huevos grandes; separados, a temperatura ambiente
- ¾ taza de azúcar
- 1 taza de crema para batir fría
- Crema batida
- Coco rallado tostado

INSTRUCCIONES:
a) Coloque 2 cucharadas de jugo de limón en un tazón pequeño; espolvorear gelatina por encima. Ponga a un lado para suavizar.
b) Batir las yemas en una cacerola pequeña y pesada para mezclar. Agregue el jugo de lima restante, luego ½ taza de azúcar.
c) Cocine a fuego lento hasta que la mezcla espese un poco, revolviendo constantemente. Alejar del calor.
d) Agrega la gelatina; revuelva para disolver. Vierta en un tazón grande. Fresco.
e) Bate 1 taza de crema en un tazón mediano a picos suaves. Agregue gradualmente el azúcar restante y bata hasta que esté firme. Usando batidores limpios y secos, bata las claras en otro tazón hasta que se formen picos suaves. Doble las claras en crema. Doble suavemente la mezcla de crema en la mezcla de lima. Divida entre seis tazas de flan de 5 onzas.
f) Cubra y refrigere hasta que esté firme.
g) Cubra cada mousse con una cucharada de crema batida. Espolvorear con coco.

32. Mousse de chocolate gran marnier

Rinde: 6 porciones

INGREDIENTES:
- 4½ cucharaditas de gelatina sin sabor
- ¾ libras de trocitos de chocolate agridulce
- ½ taza Más
- 2 cucharadas de gran marnier
- 2¼ taza de crema espesa bien fría
- ¾ taza de azúcar superfina
- ⅓ taza de azúcar granulada
- 2 cucharadas de juliana fina de piel de naranja

INSTRUCCIONES:
a) En un tazón pequeño, espolvorea la gelatina sobre ⅓ de taza de agua fría. Ablanda por 5 minutos y en una cacerola pequeña calienta y revuelve la mezcla a fuego moderado hasta que la gelatina se disuelva. En una caldera doble sobre agua apenas hirviendo, derrita el chocolate, revolviendo hasta que quede suave. Batir la mezcla de gelatina y ¼ de taza más 2 cucharadas de Grand Marnier hasta que la mezcla esté suave. Retire del fuego, manteniendo la sartén colocada sobre el agua caliente.

b) Bate la crema en un recipiente frío con una batidora eléctrica agregando el azúcar extrafina poco a poco. Agregue el ¼ de taza restante de Grand Marnier y bata la mezcla hasta que tenga picos rígidos. Transfiera 1 ½ tazas de la mezcla de crema batida a un tazón pequeño y resérvelo, cubierto y enfriado. Retire la mezcla de chocolate del agua caliente y deje enfriar durante 30 segundos.

c) Con la batidora, bata la mezcla de crema batida restante hasta que se mezcle bien.

d) Divida la mousse entre seis copas de 1 taza y enfríe, cubierto con una envoltura de plástico, durante 30-40 minutos o hasta que esté casi listo. Con una cuchara pequeña, saque una cucharada en el centro de cada uno, transfiriendo la mousse extraída a una cacerola pequeña.

e) Rellene las depresiones con un poco de la mezcla de crema batida reservada. Revuelva la mousse extraída a fuego lento hasta que quede suave. Viértalo sobre las mousses y déjelas enfriar tapadas con film transparente durante 2 horas.

f) En agua hirviendo, blanquear la piel de naranja durante 1 min. y drenar En la misma sartén combine la cáscara, el azúcar y ¼ de taza de agua. Llevar a ebullición a fuego moderado, revolviendo hasta que el azúcar se disuelva y hervir 4 minutos o hasta que la corteza esté transparente y el líquido se reduzca. Agregue ¼ de taza de agua fría. Lleve el líquido a ebullición y cuele la mezcla a través de un colador fino, desechando el líquido. Deje que la corteza se enfríe.

g) Con una manga pastelera, decora con la mezcla de crema batida restante y espolvorea con la corteza confitada.

33. Mousse de café helado

Rinde: 1 porciones

INGREDIENTES:
- ½ cucharadita de gelatina sin sabor
- 2 cucharadas de agua
- ½ taza de leche condensada azucarada
- 1½ cucharadita de espresso instantáneo en polvo
- ½ cucharadita de vainilla
- ½ taza de crema espesa bien fría

INSTRUCCIONES:
a) En una cacerola pequeña espolvorea la gelatina sobre el agua y deja que se ablande durante 2 minutos.
b) Agrega la leche y el espresso en polvo y calienta la mezcla a fuego moderado, batiendo constantemente, hasta que el polvo se disuelva.
c) Retire la sartén del fuego, agregue la vainilla y coloque la sartén en un recipiente con hielo y agua fría, revolviendo la mezcla cada pocos minutos hasta que esté espesa y fría.
d) En un tazón pequeño, bata la crema hasta que tenga picos rígidos e incorpore la mezcla de café suave pero completamente.
e) Vierta la mousse en 2 vasos fríos de tallo largo y enfríelo hasta que esté listo para servir.

34. Mousse De Malvaviscos

Hace 4-6

INGREDIENTES:
- 250 g de malvaviscos
- 200ml mitad y mitad
- 1/2 taza de yogur griego
- 3 gotas de gel alimentario morado, opcional
- 3 gotas de gel alimentario rosa, opcional
- 3 gotas de gel alimentario de naranja, opcional

INSTRUCCIONES:

a) A fuego lento, cocine lentamente los malvaviscos y 2 cucharadas de mitad y mitad en una cacerola pequeña mientras revuelve continuamente. Pueden quemarse fácilmente, así que vigílelos.

b) Retire del fuego y continúe revolviendo si parece que se puede quemar.

c) Una vez que los malvaviscos se hayan derretido y la mezcla esté suave, deja enfriar durante 5 minutos.

d) Agregue la mitad restante y la mitad y el yogur y mezcle para mezclar.

e) Dependiendo del número de capas, divide la mezcla entre tazones y colorea con geles morados, rosas y naranjas.

f) Para colocar en capas, vierta suavemente la primera capa en vasos para servir. Enfriar durante 5-10 minutos. Repita con el resto de las capas.

g) Refrigere hasta que sea necesario. Al momento de servir, dejar reposar a temperatura ambiente por 15 minutos.

35. Fondue de mousse de toblerone con merengues

Hace: 1 porción
INGREDIENTES:
- 7 onzas de chocolate agridulce Toblerone
- ⅓ taza de crema espesa
- 3 claras de huevo
- ⅓ taza de azúcar
- fresas
- Carambola, en rodajas
- Uvas rojas y verdes sin pepitas
- Damáscos secos

INSTRUCCIONES

a) En un bol de metal puesto sobre una cacerola con agua apenas hirviendo, derretir el chocolate con la nata, removiendo, retirar el bol de la cacerola y dejar enfriar la mezcla mientras se hace el merengue.

b) En otro recipiente de metal combine las claras y el azúcar, coloque el recipiente sobre una cacerola con agua caliente pero no hirviendo, y revuelva la mezcla hasta que el azúcar se disuelva.

c) Con una batidora eléctrica de mano bate el merengue durante 5 minutos, o hasta que tenga picos rígidos brillantes y esté tibio al tacto.

d) Retire el bol de la sartén y continúe batiendo el merengue hasta que se enfríe. Transfiera 1 taza de merengue a una manga pastelera equipada con una punta decorativa pequeña, incorpore el merengue restante a la mezcla de chocolate suave pero completamente, y divida la mousse entre 6 platos pequeños.

e) En una bandeja para hornear forrada con papel pergamino o papel de aluminio, coloque el merengue restante en tiras de 2 pulgadas y hornee las tiras en medio de una estufa precalentada a 300°; F. horno por 15 minutos, o hasta que estén ligeramente doradas.

f) Deje que los merengues se enfríen en la bandeja para hornear y quítelos del papel.

g) Los merengues se pueden hacer con 2 días de anticipación y guardar en un recipiente hermético. Sirva los merengues y la fruta para mojar en las fondues de mousse.

36. Mousse de hígado de pato

Rinde: 6 porciones

INGREDIENTES:
- 1 libra de hígados de pato, limpios
- 1 cucharada de sal kosher
- 2 a 3 chalotes grandes, picados
- 1 onza de brandy
- 1 cucharada de pimienta fresca
- 1 onza de licor de avellana
- 1 cucharada de nuez moscada
- 3 tazas de crema espesa

INSTRUCCIONES:
a) Ponga el hígado, los chalotes, la pimienta, la nuez moscada, la sal, el brandy y el licor en el procesador de alimentos y haga puré. Con la máquina encendida, agregue 3 tazas de crema espesa. Colar por un colador fino. Hornear al baño maría de 325 a 350 hasta que el centro esté firme al tacto.

37. Mousse de almendras al chocolate

Rinde: 6 porciones

INGREDIENTES:
- 1 Sobre Gelatina en Polvo Sin Azúcar
- ¼ taza de agua fría
- 2 chocolate para hornear sin azúcar
- Cuadrícula
- 1 cuadrado de chocolate semidulce
- ½ taza de leche
- ½ taza de azúcar
- 1 pinta de crema espesa
- ¼ de cucharadita de extracto de almendras
- ½ taza de almendras blanqueadas, tostadas
- & Cortado

INSTRUCCIONES:
a) Ablandar la gelatina en agua. Derrita el chocolate en la leche sobre agua hirviendo.
b) Agrega el azúcar y revuelve hasta que se disuelva por completo. Deja enfriar. Batir la nata hasta que forme picos suaves. Revuelva el extracto de almendras y las almendras picadas en el chocolate enfriado. Dobla ⅓ de la crema batida en la mezcla de chocolate. Luego doble la crema restante. Vierta en un tazón para servir atractivo y deje reposar en el refrigerador, cubierto con una envoltura de plástico, durante al menos 2 horas o toda la noche. Decorar con nata montada, violetas confitadas, chocolate dulce rallado o almendras tostadas antes de servir.

38. mousse de cangrejo

Rinde: 6 porciones

INGREDIENTES:
- 1 cucharada de gelatina sin sabor
- ¼ taza de agua fría
- 1 taza de sopa de champiñones sin diluir
- 8 onzas de queso crema, ablandado
- 1 taza de mayonesa
- ¾ taza de apio finamente picado
- 6½ onzas de carne de cangrejo real de Alaska, escurrida
- 1 cucharada de cebolla rallada
- 1½ cucharadita de salsa Worcestershire

INSTRUCCIONES:

a) Remoje la gelatina en agua fría para que se ablande. Caliente la sopa. Agregue la gelatina a la sopa caliente, asegurándose de que se disuelva. Agrega el queso crema y la mayonesa. Batir hasta que quede suave. Agregue el apio, la carne de cangrejo, la cebolla y la Worcestershire. Verter en el molde y enfriar. Sirva con galletas club.

39. Mousse de capuchino de cacao

Rinde: 8 porciones

INGREDIENTES:
- 1 lata (14 oz) de leche condensada azucarada
- ⅓ taza de cacao
- 3 cucharadas de mantequilla o margarina
- 2 cucharaditas de café instantáneo o espresso; disuelto en
- 2 cucharaditas de agua caliente
- 2 tazas (1 pinta) de crema batida fría

INSTRUCCIONES:
a) Combine la leche condensada azucarada, el cacao, la mantequilla y el café en una cacerola mediana. Cocine a fuego lento, revolviendo constantemente hasta que la mantequilla se derrita y esté suave. Retire del fuego y enfríe. Batir la crema batida hasta que esté firme.
b) Incorpore gradualmente la mezcla de chocolate a la crema batida. Vierta en platos de postre y refrigere aproximadamente 2 horas. hasta que cuaje. Adorne como desee (más crema batida y/o espolvoree ligeramente cacao encima).

40. Mousse de cangrejo y aguacate

Rinde: 6 porciones

INGREDIENTES:
- 2 cucharadas de gelatina sin sabor
- 1 taza de caldo de verduras o de pollo
- 2 aguacates; pelado, deshuesado y cortado en cubitos en trozos de 1/2 pulgada
- 1½ taza de carne de cangrejo
- 1 cucharadita de sal
- ½ cucharadita de pimienta blanca
- ⅛ cucharadita de nuez moscada molida
- 2 cucharadas de Madeira
- 1½ taza de crema agria
- Rodajas de pepino para decorar

INSTRUCCIONES:
a) Ablandar la gelatina en el caldo en una cacerola. Coloque a fuego medio y deje hervir a fuego lento, revolviendo ocasionalmente. Retire del fuego y deje enfriar a temperatura ambiente.
b) Vierta ¼ de taza de la mezcla de gelatina en un molde enfriado de 4 tazas y colóquelo en el congelador hasta que cuaje, aproximadamente 5 minutos.
c) Coloque los aguacates en un recipiente de trabajo. Agregue la carne de cangrejo, la sal, la pimienta, la nuez moscada, Madeira, la crema agria y el resto de la mezcla de caldo de gelatina.
d) Mezclar bien. Verter en el molde preparado. Enfriar al menos 4 horas antes de desmoldar. Adorne con rodajas de pepino antes de servir.

41. Mousse de huevo al curry

Rinde: 10 porciones

INGREDIENTES:
- 1 lata de 430g de leche evaporada
- 1 lata de 430g de sopa tipo cremosa
- 1 cucharada de curry en polvo
- 2 cucharaditas de cebolla en polvo
- 1 cucharada de jugo de limón o lima
- 1 bote pequeño de huevas de lumpo
- 1 cucharada de gelatina
- 8 huevos, duros, picados
- Sal al gusto
- 1 cucharada de perejil o cebollín picado
- 2 hojas de estragón o eneldo
- 1 lima o limón
- GUARNACIÓN

Sirve 6 para el almuerzo o 10 para el plato principal.

INSTRUCCIONES:

a) Derretir la gelatina con un poco de agua caliente y remover hasta que quede clara.

b) Batir ½ lata de leche evaporada hasta que espese. Ponga el resto de la leche en una licuadora con la sopa, el curry en polvo, la cebolla en polvo, el jugo de lima o limón, la gelatina derretida y los huevos picados en trozos grandes, mezcle hasta que quede suave. Incorpore esta mezcla con el perejil picado a la leche batida. Agregue sal al gusto.

c) Vierta en un montículo húmedo y refrigere hasta que cuaje, luego desmolde y extienda el caviar encima. Rodee la mousse con rodajas finas de lima o limón y ramitas de hierbas frescas. Sirva con una ensalada mixta (y carne fría si lo desea).

42. Mousse de chocolate oscuro y denso

Rinde: 10 porciones

INGREDIENTES:
- ¾ taza de mantequilla dulce
- 1½ taza de cacao
- 1 taza de crema espesa; bien enfriado.
- 6 huevos; temperatura ambiente.
- 1¼ taza de azúcar 10x
- 3 cucharadas de azúcar 10x
- 2 cucharadas de coñac
- 1½ cada Tb café fuerte

INSTRUCCIONES:
a) Mantequilla derretida; agregue el cacao hasta que quede suave; Frío.
b) Batir la crema en un recipiente de vidrio o acero frío hasta que esté firme; dejar de lado.
c) En un tazón grande, bata las yemas de huevo con 1/2 taza de azúcar 10x hasta que estén suaves.
d) Mezclar el coñac y el café. Dejar de lado.
e) Batir las claras de huevo hasta que estén espumosas. Agregue gradualmente el azúcar 10x restante y bata hasta que se formen picos rígidos.
f) Doble suavemente la mezcla de cacao en la mezcla de yema de huevo.
g) Cuchara en un tazón para servir. Cubra y enfríe durante la noche. Retire de la 'nevera' unos 30 minutos antes de servir.

43. Mousse de chocolate negro y frambuesas

Rinde: 6 porciones

INGREDIENTES:
- 1½ taza de frambuesas frescas
- ¼ de taza) de azúcar
- 2 cucharadas de licor de Framboise
- 10 onzas de chocolate agridulce, picado grueso
- 4 cucharadas (1/2 barra) de mantequilla sin sal
- 1 taza de crema espesa, fría
- 3 huevos gigantes, separados, a temperatura ambiente
- ¾ taza de crema espesa, batida suavemente
- ½ pinta de frambuesas frescas, para decorar

INSTRUCCIONES:
a) En un tazón pequeño, triture las frambuesas aproximadamente con un tenedor. Agregue el azúcar y el Framboise. Deja reposar la mezcla a temperatura ambiente durante 30 minutos.
b) En una caldera doble modificada, derrita el chocolate y la mantequilla.
c) Mientras el chocolate se derrite, monta la nata. Revuelva las yemas de huevo en la mezcla de frambuesa triturada. Batir las claras de huevo.
d) Retire el tazón de chocolate derretido del baño maría modificado y colóquelo sobre una superficie de trabajo. De una vez, agregue la mezcla de frambuesa. Agregue la crema batida. Incorporar las claras de huevo.
e) Convierta la mousse en un tazón para servir o en platos individuales. Enfríe hasta que esté firme, aproximadamente 2 horas para porciones individuales, cinco horas para un tazón grande de mousse.
f) Adorne cada porción con una cucharada de crema batida suave y una o dos frambuesas frescas.

44. Mousse de melocotón doble

Rinde: 1 porciones

INGREDIENTES:
- 1½ taza de duraznos secos; (alrededor de 8 onzas)
- 1½ taza de agua
- ½ taza de licor de durazno
- 1 cucharada de gelatina sin sabor
- 3 huevos grandes; separados, temperatura ambiente
- ½ taza más 3 1/2 cucharadas de azúcar
- 2 tazas de crema para batir fría
- 1 pizca de cremor tártaro
- ramitas de menta fresca

INSTRUCCIONES:

a) Combine los duraznos secos y el agua en una cacerola mediana pesada. Deje reposar 30 minutos. Hervirlo. Reduzca el fuego y cocine a fuego lento hasta que la pasta esté muy suave, unos 20 minutos.

b) Mientras tanto, coloca ¼ de taza de licor de durazno en un tazón pequeño; espolvorear gelatina por encima. Ponga a un lado para suavizar. Bate 3 yemas de huevo, ½ taza de azúcar y el ¼ de taza restante de licor de durazno en la parte superior de la caldera doble hasta que tenga un color claro. Coloque sobre agua hirviendo a fuego lento y revuelva hasta que espese lo suficiente como para cubrir el dorso de la cuchara cuando pase el dedo (no hierva), aproximadamente 2 minutos.

c) Transferir a un tazón pequeño.

d) Agregue la gelatina a la mezcla caliente de durazno y revuelva hasta que se disuelva. Transfiera al procesador y haga puré hasta que quede suave. Vierta en un tazón grande. Enfríe a temperatura ambiente, revolviendo ocasionalmente (no permita que la mezcla de durazno se asiente). Agregue las natillas a la mezcla de durazno y bata para combinar. Usando una batidora eléctrica, bate la crema en un tazón mediano a picos suaves. Mezcle ⅓ de crema batida en la mezcla de durazno para aligerar. Doble suavemente la crema restante en 2 tandas.

e) Usando batidores limpios y secos, bata las claras de huevo y la crema de tártaro en otro tazón mediano hasta que esté espumoso. Agregue gradualmente las 3½ cucharadas de azúcar restantes y bata hasta que quede suave, brillante y casi rígido pero no seco. Doble ⅓ de las claras en la mezcla de durazno para aclarar. Doble suavemente las claras restantes en 2 lotes. Cubra el recipiente con plástico y refrigere la mousse durante 8 horas o toda la noche.

f) Vierta la mousse en una manga pastelera provista de punta de estrella grande. Vierta la mousse en copas o copas de vino. Cubra la mousse con ramitas de menta fresca y sirva.

45. mousse de ponche de huevo

Rinde: 4 porciones

INGREDIENTES:
- 3 yemas de huevo
- ½ taza de azúcar
- 1 paquete de gelatina sin sabor cada uno
- 3 cucharadas de ron oscuro
- 2 cucharadas de brandy
- 2 tazas de crema para batir
- ½ taza de azúcar
- 1½ cucharadita de nuez moscada recién molida
- 2 cucharaditas de vainilla
- 3 claras de huevo

INSTRUCCIONES:

a) caramelos de menta triturados para adornar (o pequeños bastones de caramelo) Bate las yemas de huevo y ½ taza de azúcar en un tazón de acero inoxidable sobre agua caliente o la mitad superior de la caldera doble hasta que se aclaren en color (unos 2 minutos).

b) Agregue la gelatina que se ha ablandado en ron y brandy a la mezcla de huevo y continúe batiendo por otro minuto. Retire la mezcla del fuego y refrigere por 10 minutos. Mientras tanto, bata la crema, ½ taza de azúcar, nuez moscada y vainilla. Batir las claras de huevo hasta que formen picos firmes. Doble la crema batida en la mezcla de gelatina fría, mezcle bien. Agregue con cuidado las claras de huevo. Enfriar durante 4-6 horas.

c) Adorne con caramelos de menta triturados o bastones de caramelo en miniatura.

46. Tarta de mousse elegante

Rinde: 1 porciones

INGREDIENTES:
- ¾ taza más 2 cucharadas de harina para todo uso
- 3 cucharadas de azúcar
- 1 yema de huevo
- ¼ taza de mantequilla
- 6 yemas de huevo
- 3 cucharadas de jugo de limón
- ½ cucharadita de cáscara de limón
- 1 taza de azúcar glass tamizada (hasta 3/4)
- 6 claras de huevo
- 1 taza de harina de pastel tamizada
- ¼ taza de maicena tamizada
- ¾ cucharadita de polvo de hornear
- ½ taza de chocolate dulce rallado
- ½ taza de piña triturada
- ¼ taza de mantequilla derretida
- 1 cucharada de gelatina sin sabor
- 3 cucharadas de agua fría
- 2 tazas de crema para batir
- ¾ taza de azúcar glas
- ½ taza de piña triturada
- 1 taza de chocolate dulce rallado
- ¼ taza de agua
- 2 cucharadas de Kirsch o ron
- 2 cucharadas de azúcar

INSTRUCCIONES:

a) Precaliente el horno a 350F. Cubra y engrase los fondos de tres moldes de capas redondas de 9 pulgadas. Dejar de lado.

Preparar la corteza:

b) Tamizar la harina y el azúcar en un bol; agregue la yema de huevo y la mantequilla y mezcle bien para hacer una masa suave. Enrolle en un círculo de 9 pulgadas de diámetro entre dos pedazos de papel encerado. Pinchar por todas partes y enfriar durante 30 minutos. Hornee en una bandeja para hornear galletas durante 20 minutos o hasta que estén ligeramente doradas.

Preparar pastel:

c) Combine las yemas de huevo, el jugo de limón, la cáscara de limón y el azúcar; batir hasta que esté suave y cremoso. En otro tazón, bata las claras de huevo hasta que estén firmes y luego mezcle con la mezcla de yema de huevo. Tamice la harina, la maicena y el polvo de hornear y luego incorpórelos a la mezcla de huevo. Finalmente, mezcle la piña, el chocolate y la mantequilla. Vierta la mezcla en los moldes preparados y hornee durante 12 a 15 minutos, o hasta que esté listo.

Preparar relleno:

d) Suavizar la gelatina en agua durante unos minutos y cocinar a fuego lento hasta que la gelatina se disuelva. Dejar enfriar. Batir la nata hasta que esté firme y batir con la gelatina cocida y el azúcar glas. Reserve ¾ de taza para la tubería. Agrega la piña y el chocolate a la crema batida restante; dejar de lado.

e) Mezcle los ingredientes para la mezcla de kirsch en una taza y rocíe generosamente sobre el pastel.

Para armar la Torta:

f) Coloque una corteza en un plato. Extienda una capa delgada con el relleno de mousse y luego cubra con una capa de pastel. Repita el procedimiento hasta que la torta esté ensamblada. Cubre los lados y cubre con el glaseado de mousse restante. Use los ¾ de taza de crema batida restantes para los bordes de las tuberías y decore con chocolate rallado.

47. Mousse de higos frescos

Rinde: 1 mousse

INGREDIENTES:
- 1½ taza de azúcar
- 1 taza; Agua
- 1 cucharada de extracto fuerte de vainilla
- 1 rizo largo de cáscara de naranja
- 1 vaina de vainilla de una pulgada
- 6 higos maduros o
- 2 4 onzas tarros de higos en conserva* o-
- Paquete de 8 onzas de higos**
- 1 cucharada de gelatina
- ¼ taza de jugo de naranja
- 1½ taza de crema pastelera
- 1 taza de crema espesa
- 1 cucharadita de extracto fuerte de vainilla
- 3 claras de huevo
- 1 pizca de sal
- 1 cucharada de azúcar granulada
- Naranja de piel brillante para rallar

INSTRUCCIONES:
a) Pon el azúcar y el agua en una cacerola; llevar a ebullición. Cuando la mezcla esté hirviendo, reduzca el fuego y agregue 1 cucharada. vainilla, piel de naranja y vaina de vainilla. Cocine durante unos 10 minutos hasta que la mezcla se vuelva espesa y espesa. Añadir los higos enteros y escalfarlos durante unos 25 minutos o hasta que estén tiernos. Fresco.

b) *(Si usa higos en conserva, retire los higos y ponga el almíbar, la cáscara de naranja, la vaina de vainilla y la vainilla en una cacerola con 3 a 4 cucharadas de agua. Deje hervir durante 1 a 2 minutos. Regresar los higos al fuego cúbralos bien con glaseado y enfríe.) **(Si usa higos secos envasados, reduzca el azúcar a 1 taza y el agua a ¾ de taza. Cuando la mezcla de azúcar y agua descrita en el Párrafo 1 se vuelva almibarada, agregue los higos y retirar del fuego.

c) Todas las demás instrucciones son las mismas). En un tazón pequeño, combine la gelatina con jugo de naranja y colóquela sobre una cacerola con agua que no hierva a fuego lento. Revuelve bien la mezcla hasta que la gelatina se disuelva por completo. Cuando el líquido esté bastante almibarado y ya no granulado, agréguelo a la mezcla de higos enfriada.

d) Retire un higo para una guarnición final más tarde y luego coloque la otra fruta, la cáscara de naranja y el almíbar en el vaso de una licuadora. Corta la vaina de vainilla por el centro con un cuchillo afilado y raspa las semillas, al azar, en la mezcla. Licúa a alta velocidad durante aproximadamente un minuto o hasta que la mezcla se convierta en un puré espeso de color miel.

e) En un tazón grande, combine el puré de higos enfriado con la crema pastelera.

f) En un tazón frío, bata la crema espesa con 1 cucharadita. extracto de vainilla. Montar la nata hasta que mantenga bien su forma, pero sin pasarse.

g) Espolvoree las claras de huevo con una pizca de sal y bátalas hasta obtener una espuma fina. Cuando se formen picos suaves, espolvoree una cucharada de azúcar granulada y luego bátalos con fuerza hasta que mantengan su forma.

h) Combine la mezcla de higos con la crema batida, trabajando suavemente la crema en las natillas con un raspador grande de goma. Inmediatamente agregue las derivas de claras de huevo.

i) Coloque en un recipiente y refrigere durante aproximadamente 4 a 5 horas. Justo antes de servir, rallar la piel de la naranja de piel brillante por toda la superficie. Cortar los higos reservados en tiras finas y rodear con ellas los laterales de la mousse.

48. Mousse de calabaza congelada

Rinde: 6 porciones

INGREDIENTES:
- ¾ taza de agua
- ¾ taza de azúcar
- 3 claras de huevo
- 1 pizca de cremor tártaro
- 1½ taza de calabaza, hecha puré y bien escurrida
- 1 cucharadita de especias para pastel de calabaza
- 2 cucharadas de ron
- 1 taza de crema batida, batida hasta que se formen picos rígidos

INSTRUCCIONES:
a) En una cacerola pesada, hierva el agua y el azúcar hasta la etapa de bola blanda de jarabe (238 grados F en un termómetro de caramelo).
b) Mientras el almíbar está hirviendo, con una batidora eléctrica, bata las claras de huevo con una pizca de crémor tártaro hasta que se formen picos rígidos. Con la batidora en marcha, vierta el jarabe de azúcar caliente en las claras de huevo en un chorro delgado y constante. Continúe batiendo hasta que la mezcla esté completamente fría (esto puede llevar más de 10 minutos). Incorpore la calabaza y las especias para pastel.
c) Batir el ron en crema batida y doblar en la mezcla de calabaza. Convierta la mousse en un plato de suflé al que se le haya colocado un collarín de papel; congelar al menos 4 horas.
d) Retire la mousse del congelador y colóquela en el refrigerador unos 30 minutos antes de servir. Vierta en platos de postre y sirva con galletas de jengibre.

49. mousse de jamón

Rinde: 6 porciones

INGREDIENTES:
- 2 cucharadas de gelatina sin sabor
- 1 taza de caldo de verduras o de pollo
- 1 taza de crema para batir; azotado
- 1¼ taza de jamón; cortado en cubitos
- 1 cucharadita de rábano picante preparado
- 1 cucharadita de mostaza estilo Dijon
- ½ cucharadita de pimienta blanca
- ¼ taza Madeira
- Huevos duros para decorar

INSTRUCCIONES:
a) Ablandar la gelatina en el caldo en una cacerola. Coloque a fuego medio y deje hervir a fuego lento, revolviendo ocasionalmente. Retire del fuego y deje enfriar a temperatura ambiente.
b) Coloque la crema batida en el refrigerador. Vierta ¼ de taza de la mezcla de gelatina en un molde enfriado de 4 tazas y colóquelo en el congelador hasta que cuaje, aproximadamente 5 minutos.
c) Mientras tanto, coloque el jamón, el rábano picante, la mostaza, la pimienta, Madeira y ¾ de taza de caldo de gelatina en un procesador de alimentos y procese hasta que quede fino.
d) Raspe en un tazón de trabajo. Incorpore la crema batida.
e) Verter la mezcla en el molde preparado. Enfriar al menos 4 horas antes de desmoldar. Adorne con cuartos de huevos duros antes de servir.

50. mousse de guayaba

Rinde: 6 porciones

INGREDIENTES:
- 1 taza de puré de guayaba fresca
- 1 taza de leche evaporada
- ¾ taza de azúcar o miel
- 1 cucharada de jugo de limón

INSTRUCCIONES:
a) Para hacer puré, corte las guayabas por la mitad, saque la pulpa y pásela por un colador.
b) Enfríe la leche evaporada colocándola en la sección del congelador por un corto tiempo.
c) Verter en un recipiente frío y batir hasta que espese. Agregue azúcar o miel y jugo de limón al puré y mezcle hasta que el azúcar se disuelva.
d) Incorpore la leche batida a la mezcla de guayaba y viértala en las bandejas del congelador. Congelar 4-6 horas.

51. Pastel de mousse a la nectarina

Rinde: 1 porciones

INGREDIENTES:
MOUSSE DE NECTARINA:
- 1½ libras de nectarinas
- ½ taza de azúcar
- 5 cucharaditas de gelatina sin sabor
- ¼ taza de jugo de limón
- ¼ taza de licor de durazno
- 1½ taza de crema espesa, bien fría
- Torta genovesa

JARABE DE DURAZNO:
- ¼ de taza) de azúcar
- ⅓ taza de licor de durazno
- Glaseado de durazno:
- 1¼ cucharadita de gelatina sin sabor
- ¾ taza de mermelada o mermelada de durazno
- 3 cucharadas de licor de durazno

INSTRUCCIONES:

a) Reduzca a la mitad, deshuese y pique las nectarinas y, en una cacerola pesada, combínelas con azúcar y ½ taza de agua. Llevar a ebullición, revolviendo, y cocinar a fuego lento, revolviendo ocasionalmente, durante 15 minutos. En un procesador de alimentos, haga puré la mezcla y pásela por un colador fino a un tazón grande, presionando con fuerza sobre los sólidos.

b) En una cacerola pequeña, rocíe la gelatina sobre el jugo de limón y el licor, deje que se ablande durante 5 minutos, luego caliente la mezcla a fuego lento, revolviendo, hasta que la gelatina se haya disuelto. Agregue la gelatina al puré de nectarina, mezclando bien la mezcla. Deja que se enfríe a temperatura ambiente.

c) En un tazón frío, bata la crema hasta que tenga formas suaves (no tan rígidas como los picos suaves) e incorpórela a la mezcla de nectarina.

d) Recorte el Genoise y córtelo en tres capas, horizontalmente.

e) Jarabe de durazno: En una cacerola pequeña, combine el azúcar y ¼ de taza de agua. Llevar a ebullición, revolviendo hasta que el azúcar se disuelva y agregar el aguardiente. Deje que el jarabe se enfríe a temperatura ambiente. Montaje: Centre una capa en el fondo de un molde desmontable de 9 ½ pulgadas y cepille con la mitad del jarabe de durazno. Vierta la mitad de la mousse sobre el pastel y cúbralo con otra capa de Genoise. Cepille con el jarabe de durazno restante y vierta la mousse restante sobre el pastel, golpeando el costado de la sartén para expulsar las burbujas de aire y alisar la superficie. Enfríe durante 2 horas, o hasta que esté listo.

f) Glaseado de durazno: en un tazón pequeño, espolvorea gelatina sobre 3 cucharadas de agua fría y deja que se ablande durante 5 minutos. En una cacerola pequeña, combine las conservas y el aguardiente, hierva la mezcla, revuelva y cocine a fuego lento durante 1 minuto. Retire la sartén del fuego, agregue la mezcla de gelatina, revuelva hasta que la gelatina se

disuelva y cuele la mezcla a través de un colador fino en un tazón, presionando con fuerza sobre los sólidos.
g) Ensamblaje: vierta todo menos 2 cucharadas de glaseado de durazno sobre la parte superior del pastel de mousse, cubriéndolo por completo, y enfríe el pastel durante 2 horas, o hasta que el glaseado esté listo.
h) Mientras el pastel se enfría, en un procesador de alimentos, muela la capa restante de Genoise en migajas finas. Tueste las migas en un molde para gelatina en un horno precalentado a 350 °F durante 5 a 8 minutos o hasta que estén doradas.
i) Reservar.
j) Corta la mitad de la nectarina en rodajas finas y colócalas decorativamente sobre el pastel en forma de molinete. Cepille el glaseado restante sobre las rebanadas de nectarina y enfríe el pastel, cubierto, durante 1 hora, o hasta que se fije el glaseado recién aplicado.
k) Pase un cuchillo delgado alrededor del borde de la sartén y retire el lado de la sartén. Trabajando sobre una hoja de papel encerado, cubra los lados del pastel con las migas de pastel.
l) Deje reposar el pastel a temperatura ambiente durante 20 minutos antes de servir.

52. mousse de pomelo

Rinde: 6 porciones

INGREDIENTES:
- 2 yemas de huevo
- ⅓ taza de azúcar
- 1 paquete de gelatina sin sabor
- 3 cucharadas de ginebra
- 8 onzas de jugo de toronja
- 1 cucharadita de cáscara de toronja rallada
- 1 taza de crema agria
- 2 tazas de crema para batir
- 3 cucharadas de azúcar
- 2 claras de huevo
- 2 tazas de fresas frescas en rodajas
- Fresas enteras para decorar

INSTRUCCIONES:

a) Bate las yemas de los huevos y ⅓ de taza de azúcar en un recipiente de acero inoxidable al baño maría o en la mitad superior de la caldera doble hasta que se aclaren y se vuelvan esponjosos (alrededor de 2 minutos). Agregue la gelatina que se ha ablandado en ginebra a la mezcla de huevo y continúe batiendo durante otros 2 minutos. Retire del fuego y agregue el jugo de toronja, la cáscara y la crema agria. Mezcle bien. Refrigere por 10 minutos. Mientras tanto, bata la nata con 3 cucharadas de azúcar. Batir las claras de huevo hasta que formen picos firmes.

b) Dobla la mitad de la crema batida (reservando la mitad para decorar) en la mezcla de gelatina fría. Mezclar voluntad. Incorpore las claras de huevo. Enfriar durante 4-6 horas. Sirva en copas de parfait, alternando la mousse con capas de fresas rebanadas.

c) Cubra con la crema batida restante y las fresas enteras.

53. Mousse de avellanas tostadas

Rinde: 2 porciones

INGREDIENTES:
- 2 yemas de huevo
- 50 gramos de azúcar
- 25 gramos Mantequilla sin sal; Derretido
- 2 cucharadas de café negro fuerte
- 100 gramos Avellanas tostadas y molidas
- 100 gramos de crema fresca

INSTRUCCIONES:
a) Batir las yemas de huevo hasta que estén pálidas, agregar el azúcar y batir hasta que la mezcla esté espesa.
b) Agregue la mantequilla derretida y agregue el café y las avellanas molidas.
c) Bate la crema fresca e incorpórala a la mezcla de nueces suave pero completamente. Enfriar

54. Mousse de miel y lavanda

Rinde: 1 porciones

INGREDIENTES:
- 3 yemas de huevo
- 4 huevos enteros
- 2 cucharadas de miel líquida
- 3 cucharadas de azúcar de lavanda; (ver método)
- 5 onzas de agua
- ½ pinta de crema doble
- ½ onza de gelatina vegetariana
- 1 limón; jugo de
- 5 oz de crema doble para decorar

INSTRUCCIONES:
a) Para hacer azúcar de lavanda, tome 3 cabezas de flores de lavanda frescas y 1 oz de azúcar en polvo. Póngalos en el procesador de alimentos y mezcle. Dejar en un recipiente hermético durante una semana y luego tamizar las flores y usar. Puedes dejar las flores si quieres.
b) Mezcle las yemas de huevo y los huevos enteros en un tazón grande. Calienta el agua en una cacerola y vierte la miel y el agua para que se disuelvan y se haga un almíbar.
c) Agregue esto a los huevos y coloque el recipiente sobre una cacerola con agua hirviendo. Batir con una batidora eléctrica hasta que espese y parezca una mousse (esto podría tomar alrededor de 10 minutos). Ahora retira del fuego y sigue batiendo hasta que el bol esté frío.
d) Disolver la gelatina en el jugo de limón y agregar a la mousse. Montar ligeramente la nata y añadir a la mousse. La crema debe tener la misma consistencia.
e) Dobla todo esto suavemente. Luego coloque el tazón en hielo, revolviendo todo el tiempo.
f) Cuando esté en punto de fraguado, dejar en la nevera.
g) Cuando esté listo, bata la otra crema y coloque rosetas encima de la mousse.
h) Decorar con pequeños capullos de rosa y lavanda.

55. Pastel de mousse jamaicano

Rinde: 6 porciones

INGREDIENTES:
- 6 onzas de chocolate negro
- 3 cucharadas de ron oscuro
- 1¼ taza de crema espesa
- 2 cucharaditas de azúcar moreno
- 1 cucharada de café; caliente y fuerte
- 2 plátanos grandes; pelado y triturado hasta que quede suave
- 3 huevos; apartado
- Rizos de chocolate, para decorar

INSTRUCCIONES:

a) Pon el chocolate en un bol y derrítelo sobre una cacerola con agua caliente. Revuelva el ron y la mitad de la crema en el chocolate y bata bien hasta que quede suave.

b) Disolver el azúcar en el café. Coloque el puré de plátanos en un tazón y agregue la mezcla de café y azúcar. Agrega las yemas de huevo a la mezcla de plátano y bate bien. Continuar batiendo y agregar toda la mezcla de chocolate.

c) Batir las claras de huevo hasta que formen picos rígidos. Rápidamente, pero con cuidado, incorpore las claras de huevo batidas a la mezcla de chocolate y plátano. Vierta la mezcla en un molde desmontable ligeramente engrasado, forrado con papel de hornear. Enfríe durante al menos 2 horas, o hasta que esté completamente firme y firme.

d) Afloje con cuidado los lados del pastel de mousse con una espátula de metal caliente y desmolde los lados de la lata. Deslice con cuidado la mousse de la base de la lata a un plato para servir. Batir la crema restante hasta que esté espesa y colocar un borde decorativo en el pastel de mousse. Espolvoree con rizos de chocolate y enfríe bien antes de servir.

56. mousse de Kahlúa

Rinde: 4 porciones

INGREDIENTES:
- 2 yemas de huevo
- 2 cucharadas de licor Kahlua
- 3 onzas de chocolate semidulce
- ¼ taza de mantequilla
- 2 cucharadas de licor Kahlua
- 2 claras de huevo
- 1½ cucharadita de azúcar
- 1 taza de crema para batir
- Decoración - Hojas de menta y - Palitos de chocolate con menta

INSTRUCCIONES:
a) Bate las yemas de huevo y 2 cucharadas de Kahlua en la parte superior de una caldera doble. Agregue ¼ de taza de azúcar y bata hasta que espese un poco y el color se aclare.
b) Coloque la cacerola sobre agua hirviendo. Cocine y revuelva hasta que espese, aproximadamente 10 minutos.
c) Coloque la parte superior de la caldera doble en un recipiente con agua fría. Bate hasta que la mezcla esté espesa, de 3 a 4 minutos.
d) Derrita el chocolate y la mantequilla juntos. Agregue las 2 cucharadas restantes de Kahlua. Agregue la mezcla de huevo.
e) Batir las claras de huevo hasta que se formen picos suaves. Agregue el azúcar restante. Batir a punto de nieve. Agregar a la mezcla de chocolate.
f) Batir la crema batida hasta que esté firme. Incorporar a la mezcla de chocolate.
g) Coloque la mousse en copas de parfait o copas de postre. Enfriar 3 horas antes de servir.

57. mousse de puerro

Rinde: 4 porciones

INGREDIENTES:
- 500 gramos Puerros; cortar en rodajas de 2,5 cm (1 pulgada) (1 lb)
- 25 gramos de margarina poliinsaturada; (1 onza)
- 25 gramos de harina común; (1 onza)
- 4 huevos; apartado
- Pimienta negra recién molida

INSTRUCCIONES:
a) Precaliente el horno a 400øF.
b) Engrasa una fuente para horno de 1¼ litro (2 ¼ pintas) de profundidad o cuatro moldes.
c) Coloque los puerros en una vaporera, colador de metal o tamiz sobre una cacerola con agua hirviendo, cubra y cocine al vapor durante 10 minutos o hasta que estén tiernos. Dejar enfriar durante unos 10 minutos.
d) Derrita la margarina en una cacerola y agregue la harina. Sazone con abundante pimienta y cocine por 2 minutos. Transfiera a un tazón grande y deje que se enfríe un poco. Agregue los puerros y las yemas de huevo y mezcle bien.
e) Bate las claras de huevo hasta que estén firmes pero no secas, luego incorpóralas a la mezcla de puerros. Coloque con una cuchara la mezcla en el plato preparado o en los moldes y hornee en el horno durante 20 a 25 minutos, o hasta que suba y cuaje (15 a 20 minutos para los moldes).
f) Sirva con una ensalada, papas al horno y pan francés crujiente.

58. mousse de lima

Rinde: 6 porciones

INGREDIENTES:
- 2 Sobres de gelatina sin sabor
- ¼ taza de agua fría
- 1 taza de agua hirviendo
- 1 taza de jugo de limón fresco
- 1 cucharada de piel de lima rallada
- ½ taza de azúcar
- 3 tazas de queso de yogur sin grasa*

INSTRUCCIONES:
a) Disolver la gelatina en agua fría. Agregue agua hirviendo y revuelva hasta que se disuelva. Agregue el jugo de lima, la cáscara y el azúcar.
b) Revuelva bien. Mezcle el queso de yogur hasta que quede suave (el procesador de alimentos funciona bien). Vierta en un molde para pastel de 9 pulgadas de profundidad, o vierta en recipientes pequeños de tamaño de porción individual. Enfriar hasta que esté firme.

59. Mousse de cerezas y limón

Rinde: 8 porciones

INGREDIENTES:
- ½ taza de almendras naturales enteras
- 1 Sobre de gelatina sin sabor
- 3 cucharadas de jugo de limón
- 1 taza de azúcar granulada; dividido
- 1 lata (12 onzas) de leche evaporada
- 1 lata (21 oz) de relleno y cobertura para pastel de cerezas
- 2 cucharaditas de cáscara de limón rallada
- ¼ de cucharadita de extracto de almendras
- 4 claras de huevo

INSTRUCCIONES:

a) Extienda las almendras en una sola capa sobre una bandeja para hornear. Hornee en un horno calentado a 350 grados durante 12-15 minutos, revolviendo ocasionalmente, hasta que esté ligeramente tostado. Enfriar y picar finamente.

b) Espolvorea la gelatina sobre 3 cucharadas de agua en una cacerola pequeña y pesada. Deje reposar 2 minutos hasta que la gelatina haya absorbido el agua. Agregue el jugo de limón y ½ taza de azúcar; revuelve la mezcla a fuego lento hasta que la gelatina y el azúcar se hayan disuelto por completo y el líquido sea transparente.

c) Vierta la leche evaporada en un tazón grande para mezclar; agregue el relleno de pastel de cereza, la cáscara de limón y el extracto de almendras. Agregue la mezcla de gelatina disuelta, mezcle bien.

d) Enfríe hasta que la mezcla esté espesa y tenga una consistencia similar a la de un pudín.

e) Batir las claras de huevo hasta que estén suaves y espumosas. Agregue gradualmente el azúcar restante.

f) Continúe batiendo hasta que se forme un merengue rígido. Incorpore el merengue a la mezcla de cerezas. Agregue suavemente las almendras picadas.

g) Coloque la mousse en 8 tazones para servir. Cubra y enfríe al menos 2 horas o toda la noche antes de servir.

60. Mousse de mantequilla de limón

Rinde: 12 porciones

INGREDIENTES:
- ⅓ taza de jugo de limón fresco; MÁS:
- 3 cucharadas de jugo de limón fresco
- 1 cucharadita de ralladura de limón finamente rallada
- ¼ onza de gelatina sin sabor
- 1 taza de crema espesa
- 6 huevos; separados, temperatura ambiente.
- ¼ de cucharadita de sal
- 3 tazas de azúcar glass tamizada
- ¼ de libra de mantequilla sin sal; temperatura ambiente.

INSTRUCCIONES:

a) En un tazón pequeño resistente al calor, mezcle la primera cantidad de jugo de limón y la ralladura de limón. Espolvorear la gelatina y dejar reposar durante 10 minutos para que se ablande. Coloque el tazón en una cacerola con agua caliente a fuego lento y revuelva para disolver la gelatina. Retire del fuego y deje enfriar a temperatura ambiente.

b) En un tazón grande, bata la crema hasta que esté rígida. Cubra y refrigere hasta que se necesite.

c) En un recipiente hondo, combine las claras de huevo con la sal. Batir a punto de nieve. Agregue gradualmente 1 taza de azúcar glas y bata hasta que se formen picos rígidos.

d) En otro tazón, bata la mantequilla hasta que esté suave y esponjosa. Agregue 1 taza de azúcar glas y bata hasta que quede suave. Una a la vez, agregue las yemas de huevo, alternando con la gelatina disuelta y la 1 taza de azúcar impalpable restante. Continúe batiendo hasta que quede suave.

e) Incorpora un tercio de las claras de huevo. Incorpore rápida pero suavemente las claras de huevo restantes.

f) Batir el jugo de limón restante en la crema batida y doblar en la mousse. Conviértalo en un plato para servir o en copas de vino, cubra y refrigere hasta que se enfríe y cuaje, aproximadamente 3 horas.

61. Mousse de cuajada de limón

Rinde: 2 porciones

INGREDIENTES:
- ½ taza de crema espesa
- ½ taza de Lemon curd, preparado
- Arándanos frescos, enjuagados y secos
- Ramitas de menta fresca, para decorar

INSTRUCCIONES:
a) Con batidores enfriados, bata la crema espesa hasta que espese. Doble la crema batida en la cuajada de limón. Mezcla la mousse de limón con los arándanos.
b) O, capa de mousse, arándanos frescos y mousse en una copa de vino; decorar con menta fresca.

62. Pastel de mousse de limón

Rinde: 10 porciones

INGREDIENTES:
- 1 masa para pastel (9 pulgadas); horneado y enfriado
- 1 Sobre de gelatina sin sabor
- ½ taza de jugo de limón
- ¼ taza de agua
- 1 cucharadita de cáscara de limón; rallado
- 8 gotas de colorante alimentario amarillo
- 8 onzas de queso crema
- 1 taza de azúcar en polvo
- 2 tazas de crema batida; azotado
- RELLENO

INSTRUCCIONES:

a) Combine la gelatina, el jugo de limón y el agua, revuelva a fuego medio hasta que se disuelva. Agregue la cáscara y el colorante para alimentos. Dejar de lado. Combine el queso crema y el azúcar hasta que quede suave, agregue a la mezcla de gelatina. Refrigere 15 minutos hasta que espese. Dobla la crema batida, coloca con una cuchara en la masa para pastel. Refrigere 1 hora o hasta que esté firme.

63. Tarta de mousse de limón y fresa

Rinde: 1 porciones

INGREDIENTES:
- 1 taza de harina todo uso 250 mL
- ⅓ taza de avellanas tostadas o pistachos; picado muy fino
- 2 cucharadas de azúcar granulada 25 mL
- ½ taza de mantequilla sin sal; cortar en pequeñas piezas
- 1 yema de huevo 1
- 1 cucharada de jugo de limón 15 mL
- 2 onzas de bizcocho casero o comercial 60 g
- 4 tazas Fresas frescas 1 L
- 1 Sobre gelatina sin sabor 1
- ¼ taza Agua fría 50 mL
- 4 yemas de huevo 4
- ¾ taza de azúcar granulada; dividido 175 ml
- ¾ taza de jugo de limón 175 mL
- 1 cucharada de cáscara de limón finamente rallada 15 mL
- 4 onzas Queso crema 125 g
- 1¾ taza de crema para batir 425 mL
- Pistachos tostados picados
- Azúcar glas tamizado

INSTRUCCIONES:
a) Precaliente el horno a 375F/190C.
b) Para hacer la masa, en un tazón grande, combine la harina con las nueces y el azúcar granulada. Cortar la mantequilla hasta que quede en pedacitos pequeños.
c) Combine la yema de huevo con el jugo de limón. Espolvoree sobre la mezcla de harina y junte la masa en una bola. Enrolle o presione para que encaje en el fondo de un molde desmontable de 9 o 10 pulgadas/23 o 25 cm.
d) Hornee durante 20 a 25 minutos, o hasta que estén ligeramente dorados. Romper el bizcocho en trozos pequeños y espolvorear encima de la masa.

e) Reserve ocho de las mejores fresas para la parte superior. Cáscara las bayas restantes.
f) Corte alrededor de doce bayas del mismo tamaño por la mitad y colóquelas alrededor del borde de la fuente con el lado cortado de las bayas presionado contra el borde. Acomode las bayas restantes para que quepan dentro de la fuente con las puntas hacia arriba.
g) Para hacer el relleno, espolvorea gelatina sobre agua fría en una cacerola pequeña.
h) Deje que se ablande durante 5 minutos. Calentar suavemente hasta que se disuelva.
i) En una cacerola mediana, bata 4 yemas de huevo con ½ taza/125 mL de azúcar granulada hasta que esté suave. Batir el jugo de limón y pelar. Cocine, revolviendo constantemente, hasta que la mezcla se espese y empiece a hervir. Agregue la gelatina disuelta.
j) Fresco.
k) En un tazón grande, bate el queso crema con los ¼ de taza/50 ml restantes de azúcar granulada. Batir en crema de limón fría.
l) En un recipiente aparte, bata la crema batida hasta que esté ligera. Doblar en crema de limón.
m) Vierta sobre las bayas. Agite la sartén suavemente para que la mezcla de limón caiga entre las bayas y la parte superior quede pareja. Refrigere durante 3 a 4 horas, o hasta que cuaje. Pase el cuchillo por el borde de la fuente y retire los lados. Coloque el pastel en un plato para servir. (Retire el fondo con forma de resorte solo si se desprende con facilidad). Coloque tiras de papel encerado de 1 pulgada/2½ cm sobre el pastel, dejando espacios en el medio. Espolvorea los espacios con pistachos. Retire el papel con cuidado. Deje las cáscaras en las bayas reservadas y córtelas por la mitad. Coloque las bayas en filas a lo largo de tiras vacías. Espolvorear con azúcar glas. Refrigere hasta que esté listo para servir.

64. Mousse de yogur de limón

Rinde: 6 porciones

INGREDIENTES:
- 1 taza de yogur natural bajo en grasa
- 1½ cucharadita de gelatina sin sabor
- 3 cucharadas de agua fría
- ¼ de taza) de azúcar
- ½ taza de jugo de limón fresco
- Corteza de 1/2 limón
- 1 huevo grande
- 1 yema de huevo grande
- 2 cucharaditas de licor de naranja
- 4 claras de huevo grandes
- 4 cucharaditas de agua
- ¼ de cucharadita de cremor tártaro

INSTRUCCIONES:

a) Ponga el yogur en un colador forrado con un filtro de café. Coloque sobre un tazón, cubra y refrigere por 12 a 24 horas. Deseche el líquido que drena del yogur; debe quedar aproximadamente ½ taza de yogur escurrido.

b) Espolvorea la gelatina sobre el agua fría y deja reposar por lo menos 5 minutos.

c) Pica la cáscara de limón con ¼ de taza de azúcar hasta que la cáscara esté tan fina como el azúcar. Transfiera a una cacerola pequeña y agregue jugo de limón, huevo y yema de huevo. Batir hasta que quede suave. Cocine a fuego medio, revolviendo constantemente, hasta que la mezcla se espese lo suficiente como para cubrir el dorso de una cuchara de madera. Colar en un tazón y agregar la mezcla de gelatina y el licor de naranja. Enfríe hasta que la mezcla comience a espesarse y fraguar, pero no se haya gelificado por completo.

d) Para hacer un merengue seguro, combine las claras de huevo, el agua, la crema de tártaro y ¼ de taza de azúcar en la parte superior de una caldera doble. Cocine sobre agua hirviendo, batiendo constantemente, hasta que la mezcla r160¡. Verter inmediatamente en el bol de una batidora eléctrica. Bate a velocidad alta, agregando gradualmente el azúcar restante, hasta que las claras estén cocidas, espesas y brillantes, aproximadamente 5 minutos.

e) Batir el yogur en la mezcla de limón y yema de huevo, mezclando hasta que quede suave. Doble suavemente esta mezcla en claras. Transfiera a 6 copas individuales para servir y enfríe durante al menos 2 horas antes de servir. Deje reposar a temperatura ambiente durante 5 a 10 minutos antes de servir para resaltar el sabor completo.

65. Pastel de mousse de lima

Rinde: 1 porciones

INGREDIENTES:
7 hojas de gelatina sin sabor
½ taza de agua
6 huevos
5½ taza de crema batida fresca
1 pastel de ángel;
1½ taza de azúcar
2 cucharadas de ron o licor de naranja
¾ taza de jugo de limón

INSTRUCCIONES:
a) Cubra un molde de resorte con papel pergamino.
b) Coloque una capa muy delgada del pastel de ángel o cualquier otro pastel blanco sobrante en el molde.
c) Rociar con el ron o licor. Enfriar.
d) Disolver la gelatina en el agua.
e) Batir las yemas con la mitad del azúcar hasta que tomen color limón. Agregue la gelatina y el jugo de limón para batir. Enfría mientras preparas la crema.
f) Montar la nata y luego añadir la mitad del azúcar para hacer Chantilly. Incorporar a la mezcla de gelatina de lima. Enfriar 1 hora.
g) Batir las claras de huevo hasta que formen picos suaves. Lentamente incorpórelos a la mezcla de lima.
h) Vierta la mezcla en el molde preparado. Congelar.
i) Saque el pastel del congelador y colóquelo en el refrigerador 6 horas antes de servirlo o déjelo reposar a temperatura ambiente 1 hora antes de servirlo.

66. Tarta de mousse de macadamia al ron

Rinde: 4 porciones

INGREDIENTES:
CORTEZA DE MASA DE MACADAMIA Y COBERTURA
- 1 taza de trozos de macadamia finamente picados
- 1¼ taza de harina para todo uso sin blanquear
- ⅛ cucharadita de sal
- ½ taza de azúcar
- ½ cucharadita de canela
- 1 barra de mantequilla sin sal, derretida y enfriada

RELLENO DE RON MACADAMIA:
- 1½ taza de crema espesa
- ⅓ taza de agua
- 1½ Sobres de Gelatina sin Sabor
- 4 yemas de huevo
- ⅓ taza de ron oscuro
- ½ taza de azúcar moreno claro
- ½ taza de macadamias picadas y tostadas
- 1 taza de crema espesa, para terminar,

INSTRUCCIONES:
a) Precalentar el horno a 400 grados.
b) Para la masa de migas: combine las nueces, la harina, la sal, el azúcar y la canela en un tazón y revuelva para mezclar bien. Agregue la mantequilla derretida y continúe revolviendo hasta que la mezcla haya absorbido la mantequilla. Rompa la mezcla en migas uniformes de ½ a ¼ de pulgada, frotando con las yemas de los dedos. Coloque la mitad de la mezcla de migas en un molde para pastel Pyrex de 9 pulgadas y presione con las yemas de los dedos para cubrir el molde de manera uniforme. Coloque la mezcla de migas restante, en una capa uniforme de ½ pulgada en una bandeja para hornear galletas. Hornee la corteza y las migas en la rejilla del medio del horno durante unos 20 minutos, hasta que estén crujientes y de color dorado claro. Enfríe la corteza y las migas en rejillas.

c) Para el Relleno de Mousse: Montar la nata hasta que tenga picos suaves y reservar en el frigorífico. Espolvorea la gelatina sobre el agua en un tazón pequeño resistente al calor. Deje en remojo durante 5 minutos, luego colóquelo sobre una cacerola pequeña con agua hirviendo a fuego lento para que se derrita mientras prepara el relleno.
d) Cuando la gelatina se derrita, retirar de la sartén y dejar enfriar.
e) En el recipiente de una batidora eléctrica, u otro recipiente resistente al calor, bata las yemas de huevo. Batir el ron, luego el azúcar. Coloque sobre una cacerola con agua hirviendo a fuego lento y bata constantemente hasta que espese, aproximadamente 3 minutos. Si la mezcla de yemas se calienta demasiado, puede revolverse.
f) Retire el recipiente del agua y bata a máquina, a velocidad media, hasta que se enfríe a temperatura ambiente. Agregue la gelatina disuelta, luego agregue la crema batida y las nueces picadas.
g) Vierta el relleno en la cáscara enfriada y alise la parte superior. Cubra sin apretar con una envoltura de plástico y enfríe hasta que cuaje al menos 6 horas.
h) Para terminar el pastel, cubra con las migas horneadas. O bata la crema opcional, extienda la mitad sobre la mousse y cubra con las migas. Luego, coloque un borde de rosetas de la crema restante alrededor del borde del pastel con una manga pastelera provista de un tubo de estrella.

67. Mousse de mango y tango

Rinde: 6 porciones

INGREDIENTES:
- 2 mangos maduros grandes; pelado; sin semillas (3/4 lb cada una)
- 1 de cada Sobre Gelatina Sin Sabor (1 cda.)
- ½ de cada limón (jugo de)
- 1 taza de yogur bajo en grasa o sin grasa
- 1 cucharadita de extracto de vainilla
- ¼ taza (más 2 cucharadas) de azúcar glas
- 2 claras de huevo grandes, a temperatura ambiente

INSTRUCCIONES:

a) Haga puré de mangos en un procesador de alimentos o licuadora. Deberías tener alrededor de 1 taza. Tamizar si es fibroso. Dejar de lado.

b) Suaviza la gelatina en jugo de limón en una cacerola pequeña.

c) Coloque la sartén a fuego muy bajo y revuelva durante 2 minutos hasta que la gelatina esté clara y disuelta. Agregar al puré de mango. Agregar yogur y vainilla. Tamizar el azúcar en el puré y batir la mezcla hasta que quede suave.

d) Enfríe, revolviendo ocasionalmente, hasta que la mezcla comience a espesar.

e) Batir las claras de huevo hasta que estén casi rígidas. Revuelva un poco de la clara de huevo en la mezcla de mango. Incorpore suavemente las claras restantes.

f) Vierta la mousse en un atractivo tazón para servir o en 6 bonitos platos de vidrio.

g) Enfríe hasta que cuaje, por lo menos 2 horas. Adorne con fruta si lo desea.

68. mousse de arce

Hace: 1 lote

INGREDIENTES:
- 1 sobre de gelatina natural
- ¼ taza de agua fría
- 4 huevos, separados
- 1 taza de jarabe de arce real
- ¼ de cucharadita de cremor tártaro
- 2 tazas de crema batida

INSTRUCCIONES:

a) Ablandar la gelatina en agua fría. Batir 4 yemas de huevo hasta que estén espumosas. Agregue jarabe de arce. Mezclar bien. Agrega gelatina. Verter en una cacerola. Deje cocinar a fuego muy lento, revolviendo constantemente, durante unos 10 min. (Debe ser bastante grueso).

b) Fresco. Batir las claras de huevo; agregue la crema de tártaro y bata hasta que se formen picos rígidos. Mezcle la mezcla de gelatina, las claras de huevo y la crema batida.

c) Repartir en platos de postre y servir. Se puede espolvorear con nueces si se desea.

69. Pastel de mousse de nuez y arce

Rinde: 8 porciones

INGREDIENTES:
- 3 huevos, separados
- ⅛ cucharadita de sal
- ¾ taza de jarabe de arce
- 2 tazas de látigo Kool
- 1 taza de carnes de nuez, picadas
- 2 cucharadas de chocolate semidulce, rallado
- 1 base de pastel de migas de chocolate

INSTRUCCIONES:
a) Batir las yemas de huevo hasta que tengan color limón. Agregue sal y jarabe de arce. Cocine en la parte superior de la caldera doble hasta que la mezcla de yema se espese. Fresco. Bata las claras de huevo hasta que se especen. Combine la mezcla de arce, las claras de huevo y ⅔ del Kool Whip, usando un movimiento de plegado. Incorpore ¾ de taza de las carnes de nuez. Raspe en la cáscara de pastel horneada. Cubrir con la cobertura batida restante. Espolvorea con las carnes de nuez restantes y las virutas de chocolate. Congelar durante un mínimo de cuatro horas.

70. Mousse a la naranja

Rinde: 6 porciones

INGREDIENTES:
4 naranjas rojo rubí
75 gramos de azúcar glas; (3 onzas)
1 lima o limón pequeño; jugo de
2 cucharaditas de gelatina en polvo remojada en 2 cucharadas de agua
284 ml de crema doble; batido (10floz)
Menta fresca y nata montada para decorar

INSTRUCCIONES:
a) Corte las naranjas por la mitad, raspe la pulpa y colóquelas en una licuadora o en un procesador de alimentos. Agregue el azúcar glas y el jugo de lima o limón y mezcle hasta que quede suave.
b) Calienta la gelatina suavemente hasta que se disuelva. Enfriar un poco.
c) Mezclar la gelatina enfriada con la naranja pura, e incorporar la nata.
d) Vierta en platos individuales y enfríe hasta que cuaje.
e) Decora con menta fresca y crema.

71. Cheesecake de mousse de frambuesa del jardín de olivos

Rinde: 6 porciones
INGREDIENTES:
MOUSSE DE FRAMBUESA
- 1½ cucharadita de gelatina
- 1½ cucharada de agua fría
- ½ taza de mermelada de frambuesa
- 2 cucharadas de azúcar
- 1 taza de crema batida espesa

RELLENO
- 1 libra de queso crema; suave
- ½ taza de azúcar
- 2 huevos
- ½ cucharadita de vainilla
- 1 corteza de miga de chocolate de 9 pulgadas preparada

INSTRUCCIONES:

a) Precaliente el horno a 325~. Mezcle el queso crema, el azúcar, los huevos y la vainilla con una batidora eléctrica a fuego medio hasta que se mezclen bien, aproximadamente de 3 a 4 minutos. Vierta en la corteza preparada. Coloque en una bandeja para hornear y hornee por 25 minutos. Enfriar a temperatura de refrigeración.

b) MOUSSE-Espolvorear la gelatina sobre agua fría, revolver y dejar reposar 1 minuto.

c) Micro en ALTO durante 30 segundos o hasta que la gelatina se disuelva por completo. (O caliéntelo en la estufa con 1 cucharada adicional de agua). Combine la gelatina con las conservas. Enfriar 10 minutos. NATA-Montar la nata hasta que se formen picos suaves. Agregue 2 cucharadas de azúcar y continúe batiendo hasta que se formen picos rígidos. Mida 1-½ taza de crema batida para la mousse y reserve.

d) Refrigere el resto de la crema para cubrir. Doble suavemente la mezcla de frambuesa en la crema batida medida. Extienda la mousse de frambuesa sobre la tarta de queso fría, formando un pequeño montículo en el centro. Enfriar 1 hora antes de servir. Para servir, corte la tarta de queso en 6 porciones y cubra cada pieza con una cucharada de crema batida reservada.

72. Mousse de la fruta de la pasión

Rinde: 8 porciones

INGREDIENTES:
- 1 lata Leche evaporada; refrigerado durante la noche
- 8 hojas de gelatina o 1 1/2 paquete de gelatina en polvo
- 2 tazas de jugo de maracuyá
- 1½ taza de azúcar
- ½ taza de agua

INSTRUCCIONES:
a) Disuelve la gelatina en agua Con una batidora eléctrica, bate la leche evaporada hasta que esté firme y espumosa. Agrega el azúcar y bate 1 min. Agregue la gelatina. Agrega el jugo. Colocar en molde aceitado y refrigerar mínimo 6 horas. Desmolda y sirve con salsa de maracuyá o cualquier otra salsa de frutas que te guste.

73. mousse de durazno

Rinde: 1 porciones

INGREDIENTES:
- 2 tazas de duraznos; fresco - en rodajas
- ⅔ taza de azúcar
- 3 gotas de extracto de almendras
- 2 tazas de crema; azotado

INSTRUCCIONES:
a) Pelar y trocear los duraznos, cubrir con azúcar, dejar reposar una hora. Lavar y pasar por un colador. Agregue la crema, batida hasta que esté firme, agregue el saborizante de almendras. Vierta en la bandeja y congele sin revolver.

74. Mousse de piña y naranja

Rinde: 6 porciones

INGREDIENTES:
- ¾ taza de jugo de naranja
- ¾ taza de jugo de piña
- ⅓ taza de azúcar
- Unos granos de sal
- 2 tazas de leche evaporada
- 1 taza de piña triturada

INSTRUCCIONES:
a) Combine los jugos de frutas, la piña, el azúcar y la sal. Verter en molde.
b) Envasar en hielo y sal. Congelar parcialmente. Reempacar.
c) Agregue con cuidado la leche evaporada batida rígidamente. Dejar reposar 4 horas.

75. Mousse de calabaza y praliné

Rinde: 8 porciones

INGREDIENTES:
- 1 taza de leche fría
- 16 onzas de calabaza
- 2 paquetes (4 porciones cada uno) de pudín instantáneo con sabor a vainilla JELL-O
- 1¼ cucharadita de especias para pastel de calabaza
- 2 tazas de cobertura COOL WHIP Whipped Topping descongelada
- 2 cucharadas de mantequilla o margarina
- ½ taza de pecanas o nueces picadas
- ⅓ taza de azúcar moreno bien compactado

INSTRUCCIONES:
a) VIERTE la leche en un tazón grande. Agregue la calabaza, las mezclas para pudín y las especias para pastel de calabaza. Bate con un batidor de alambre durante 1 minuto hasta que esté bien mezclado. (La mezcla será espesa.) Inmediatamente agregue la cobertura batida. Repartir en 8 copas de postre.
b) REFRIGERAR 4 horas o hasta que cuaje.
c) MEZCLE la mantequilla, las nueces y el azúcar en un tazón pequeño. Justo antes de servir, espolvorea con la mezcla de nueces. Adorne con cobertura batida adicional, canela molida, menta fresca y grosellas. Guarde la mousse sobrante en el refrigerador.

76. Mousse de camembert real

Rinde: 6 porciones

INGREDIENTES:
- ¼ taza de agua fría
- 1 cucharada de gelatina sin sabor
- 2½ onzas de queso camembert
- 3¾ onzas de queso Roquefort
- 1 cucharadita de salsa Worcestershire
- 1 huevo separado
- ½ taza de crema para batir, batida
- Perejil para decorar

INSTRUCCIONES:
a) Ablandar la gelatina en agua. Coloque la taza en agua caliente hasta que se disuelva. Mezcle los quesos hasta que quede suave. Batir en Worcestershire, yema de huevo y luego gelatina. Batir la clara de huevo a punto de nieve. Doble con crema en la mezcla de queso. Verter en molde de 2 o 3 tazas. Refrigere durante la noche.
b) Desmoldar y decorar con perejil.

77. Mousse de mandarina y variaciones

Rinde: 1 mousse

INGREDIENTES:
- ¾ libras a 1 libra de mandarinas
- 3 cucharadas de agua fría
- 1½ cucharadita de gelatina
- 3 huevos
- ¼ taza más 1 cucharada de azúcar
- 1 taza de crema para batir
- Jugo de limon

INSTRUCCIONES:

a) Lava bien las mandarinas y ralla la piel en tiras finas en un bol. Exprima las mandarinas y cuele ⅔ taza de jugo en el mismo tazón, guardando el jugo extra. Ponga el agua fría en una cacerola pequeña y espolvoree la gelatina en ella. Batir los huevos con el azúcar hasta que suelten un ligero pico. Montar la nata hasta que forme picos suaves. Disolver la gelatina a fuego lento.

b) Agregue lentamente la mezcla de jugo y cáscara a la gelatina, revolviendo constantemente.

c) Incorpore la crema batida a la mezcla de huevo y azúcar. Vierta la mezcla de gelatina y jugo en la mezcla de crema, batiendo enérgicamente donde entra el jugo para evitar que cuaje antes de que esté completamente mezclado. De lo contrario, tenderá a gelatinizarse y formar pequeños grumos. Pruebe y agregue un poco del jugo reservado o un poco de jugo de limón si desea más acidez o un sabor más fuerte. Enfríe durante varias horas o toda la noche, revolviendo ocasionalmente durante la primera hora para evitar que se separe. Servir en una copa, adornar con unos jirones de cáscara de mandarina, acompañado de Galletas de Encaje.

78. Mousse de piña con coco rallado tostado

Rinde: 4 porciones

INGREDIENTES:
- 1 piña fresca; pelado, sin corazón, hecho puré
- ½ taza de crema espesa
- 6 yemas de huevo
- 1 cucharada de maicena
- ½ taza de azúcar
- ¼ taza de agua
- 6 claras de huevo
- ¼ taza de coco, rallado
- 2 cucharadas de azúcar en polvo

INSTRUCCIONES:

a) En una cacerola mediana, coloque el puré de piña y la crema espesa, y revuélvalos. Calienta la mezcla a fuego medio durante 8 a 10 minutos, o hasta que se reduzca a un jarabe. Mantenlo caliente.

b) En un tazón pequeño, coloque las yemas de huevo y la maicena, y mezcle. Agregue las yemas de huevo a la mezcla de crema. Mientras bate constantemente, cocine la mezcla durante 6 a 8 minutos, o hasta que tenga la consistencia de una crema batida mediana. Hazlo a un lado.

c) En un bol pequeño colocar las claras de huevo. Bátelos con una batidora eléctrica a baja velocidad durante 2 a 3 minutos, o hasta que estén espumosos.

d) Encienda la batidora eléctrica a velocidad alta y, mientras continúa batiendo las claras de huevo, vierta lentamente la mezcla de azúcar y agua por el costado del tazón.

e) Continúe batiendo la mezcla durante 8 a 10 minutos más, o hasta que el merengue esté muy brillante y el fondo del tazón esté frío.

f) Agregue la mezcla de crema al merengue y dóblela suavemente.

g) Precaliente el horno a 400ØF. En cada uno de los 4 platos pequeños para suflé, coloque la mezcla de modo que los platos queden medio llenos. Agrega el coco rallado. Rellena los platos con la mezcla restante. Espolvorear el azúcar impalpable por encima. Hornea la mousse de 8 a 10 minutos, o hasta que esté cuajada. Retíralo del horno.

h) Coloque la mousse en un asador precalentado durante 30 segundos o hasta que el azúcar se caramelice.

COPAS DE MOUSSE

79. Copas De Mousse De Vainilla

Hace: 6

INGREDIENTES:
- 8 onzas de queso crema en bloque, ablandado
- 1/2 taza de sustituto de azúcar como Swerve
- 1 1/2 cucharadita de extracto de vainilla
- pizca de sal marina
- 1/2 taza de crema batida espesa
- Frambuesas, para decorar

INSTRUCCIONES:
a) Agregue los primeros cuatro ingredientes a un procesador de alimentos o licuadora.
b) Mezcle hasta que esté combinado.
c) Con la licuadora funcionando, agregue lentamente la crema espesa.
d) Continúe mezclando hasta que espese, alrededor de 1-2 minutos. La consistencia debe ser similar a la de una mousse.
e) Prepare un molde para cupcakes o muffins con 6 moldes de papel y reparta la mezcla en las copas.
f) ¡Enfríe en el refrigerador hasta que cuaje y disfrute con una cobertura de frambuesas!

80. <u>Tazas de mousse de chocolate S'mores</u>

Rinde: 4 porciones

INGREDIENTES:
- 1 taza de migas de galleta graham
- 2 yemas de huevo
- ¼ de taza) de azúcar
- ½ taza de crema espesa para batir
- ½ taza de chocolate
- ¾ taza de crema espesa para batir

INSTRUCCIONES:
a) Bate las yemas de huevo en un tazón pequeño con una batidora eléctrica a alta velocidad durante unos 3 minutos o hasta que estén espesas y de color limón. Poco a poco batir en azúcar.
b) Caliente ½ taza de crema batida en una cacerola de 2 cuartos a fuego medio hasta que esté caliente. Revuelva gradualmente al menos la mitad de la crema batida caliente en la mezcla de yema de huevo; revuelva en la crema caliente en una cacerola. Cocine a fuego lento durante unos 3 minutos, revolviendo constantemente, hasta que la mezcla espese.
c) Agregue las chispas de chocolate hasta que se derrita. Cubra y refrigere durante aproximadamente 2 horas, revolviendo ocasionalmente, hasta que se enfríe.
d) Bate ¾ tazas de crema batida en un tazón mediano frío con una batidora eléctrica a alta velocidad hasta que esté firme. Doble la mezcla de chocolate en crema batida.
e) Vierta o cuchare la mezcla en tazones para servir. Refrigere inmediatamente cualquier postre restante después de servir.
f) Cubra con crema de malvavisco y tostadas gigantes de malvavisco.

81. Tazas de mousse de café

Hace: 4

INGREDIENTES
- 2 1/2 cucharadas de azúcar en polvo
- 4 huevos
- 3/4 taza + 2 cucharadas de crema espesa
- 3 cucharadas de café instantáneo en polvo - o espresso en polvo
- 1 cucharada de cacao en polvo sin azúcar - opcional
- 1 cucharadita de gelatina en polvo
- 1 cucharada de Café Instantáneo en Polvo y Cacao en Polvo, mixto - opcional, para terminar la mousse

INSTRUCCIONES

a) Separar las yemas y las claras de huevo. Coloque las yemas de huevo en un tazón grande y las claras en el tazón de su batidora. Dejar de lado.

b) Coloque la gelatina en polvo en un recipiente pequeño con agua fría, mezcle y deje reposar.

c) Agregue el azúcar en polvo a las yemas de huevo y bata hasta que esté espumoso y de color más claro.

d) Coloque la crema espesa, el café instantáneo en polvo y el cacao en polvo en una cacerola pequeña y caliéntelo a fuego lento hasta que los polvos se hayan disuelto, revolviendo ocasionalmente. No dejes que la nata hierva.

e) Vierta la Crema Pesada caliente sobre la Yema de Huevo y el Azúcar mientras bate. Batir bien, luego transferir de nuevo a la cacerola a fuego lento. Siga batiendo hasta que la crema comience a espesar, luego retírela directamente del fuego y transfiérala nuevamente a un tazón grande y limpio.

f) Añadir la Gelatina rehidratada a la nata y batir bien hasta integrar por completo. Ponga a un lado para que se enfríe por completo.

g) Mientras la crema se enfría, comience a batir las claras de huevo para obtener picos rígidos.

h) Cuando la crema esté fría, agregue suavemente las claras de huevo batidas de 3 a 4 veces. Trate de no sobrecargar la crema.

i) Vierta el Mousse de café en tazas o frascos individuales y colóquelo en el refrigerador para que cuaje durante al menos 2 horas.

j) Opcional: cuando esté listo para servir, espolvoree un poco de Café Instantáneo en Polvo y Cacao en Polvo sobre las mousses para terminarlas.

82. Copas De Mousse De Caramelo Salado

INGREDIENTES
STREUSEL
- 1/4 taza de harina para todo uso
- 1/4 taza de harina de almendras
- 1/4 taza de azúcar moreno
- 4 cucharadas de mantequilla

MOUSSE DE CARAMELO
- 1 paquete de queso crema, ablandado
- 1 cucharadita de vainilla
- 1/3 taza de caramelo
- 1 bote de cobertura de crema batida

ADICIÓN
- 3 cucharadas de cobertura de crema batida
- caramelo

INSTRUCCIONES
STREUSEL
a) Mezclar la harina, la harina de almendras, el azúcar moreno y la mantequilla en un bol. Usa tus dedos para mezclar todo hasta que se desmorone. Extienda sobre una bandeja para hornear forrada con papel pergamino o papel de aluminio y hornee hasta que comience a dorarse.

b) Dejar enfriar sobre una rejilla. Desmenuce la mezcla con los dedos y divídala en 3 vasos pequeños.

MOUSSE
c) En una batidora de pie, bata el queso crema y el caramelo. Agregue la tina de Cool Whip y la vainilla y mezcle hasta que se incorpore. Coloque la mousse en una manga pastelera y vierta la mousse en los vasos encima del streusel.

d) Refrigere durante 4-6 horas o toda la noche.

e) Cuando esté listo para servir, cubra con 1 cucharada de caramelo en cada vaso y una cucharada de crema batida.

83. Copas De Mousse De Nutella

Hace: 3-4 porciones

INGREDIENTES
- ½ taza de queso crema, suavizado
- ⅓ taza de Nutella
- ½ cucharada de extracto de vainilla
- ⅔ taza de crema espesa
- 1 cucharada de azúcar granulada
- 1 cucharada de cacao en polvo, sin azúcar

INSTRUCCIONES

a) En un tazón grande, use una batidora de mano y bata el queso crema hasta que esté suave y esponjoso.
b) Agregue Nutella y extracto de vainilla y continúe batiendo hasta que todo esté suave y completamente mezclado.
c) En un tazón para mezclar más pequeño, bata la crema con la batidora de mano a velocidad media-baja hasta que forme picos suaves. Agregue el azúcar y el cacao en polvo y ajuste la batidora a velocidad alta y continúe batiendo hasta que alcance picos rígidos.
d) Doble suavemente la mezcla de crema batida en la mezcla de Nutella/queso crema hasta que esté completamente combinado sin rayas visibles.
e) Transfiera la mousse a tazas para servir de tamaño individual. Puede canalizarlos para facilitar la transferencia. En esta etapa, la mousse estará muy suave. Refrigere durante al menos 2 horas para que la mousse se asiente. Si tienes tiempo, déjalo toda la noche.
f) Sirva como tal o cubra el mouse con sus ingredientes favoritos, como crema batida y chocolate rallado.

CÚPULAS DE MOUSSE

84. Cúpulas de Mousse de Fresa con Inserto de Crema Pastelera

Rinde: 12 porciones

INGREDIENTES
BASE DE GALLETA DE AVELLANAS
- ½ taza de harina de avellana
- 1 taza de harina para todo uso
- 5 cucharadas de mantequilla sin sal
- ⅓ taza de azúcar moreno
- ½ cucharadita de extracto de vainilla
- 1 cucharada de leche

DOMOS DE CREMA PASTELERA DE VAINILLA
- 1 tazas de leche entera
- ½ taza de crema para batir
- ½ taza de azúcar
- 2 cucharadas de maicena
- ½ cucharadita de pasta de vainilla

MOUSE DE FRESA
- 1 libra de fresas
- 1 cucharada de jugo de limón
- ¼ de taza) de azúcar
- 1 cucharada de agar-agar
- 4 cucharadas de agua
- 1 taza de crema espesa
- 2 cucharadas de azúcar en polvo

SALSA DE FRESAS
- ½ taza de fresas
- 1 cucharada de agua
- 4 cucharadas de azúcar
- 1 cucharadita de maicena

INSTRUCCIONES
CORTEZA DE GALLETA DE AVELLANAS

a) En el tazón de una batidora de pie con el accesorio de paleta, bata la mantequilla y el azúcar hasta que esté suave y esponjoso. Agregue el extracto de vainilla, seguido de la harina de avellana y la harina; combine bien. agregue una cucharada de leche lo suficiente para hacer una bola. Envuélvalo en una envoltura de plástico y enfríe durante 30 minutos o hasta que esté lo suficientemente firme como para enrollarlo.

b) Enrolle la masa en una lámina de ¼ de pulgada de espesor sobre una superficie ligeramente enharinada. Usando un cortador de galletas del mismo tamaño que su molde, corte la base para las cúpulas.

c) Precaliente el horno a 350 °F.

d) Coloque en una bandeja para hornear forrada de pergamino. Hornee en un horno precalentado durante 8 a 10 minutos hasta que estén ligeramente doradas. Transfiera a una rejilla para enfriar completamente.

DOMOS DE CREMA PASTELERA DE VAINILLA

a) En una cacerola de fondo grueso, combine la leche, la crema espesa, el azúcar y la maicena. Cocine a fuego medio hasta que la leche casi hierva. Baje el fuego a bajo y continúe revolviendo hasta que la mezcla se espese y cubra el dorso de una cuchara de madera. Agregue la pasta de vainilla o el extracto de vainilla y retírelo del fuego.

b) Use una pequeña cúpula semicircular de silicona de 1 ½ pulgada. Mientras aún está caliente vierte la crema pastelera en las cúpulas de los moldes de silicona. Alise la parte superior, cubra con una envoltura de plástico y coloque en el congelador durante al menos 3 horas o hasta que esté firme.

PARA EL MOUSSE DE FRESA

a) Combine el agar-agar con 4 cucharadas de agua. Dejar en remojo durante 3 minutos y luego calentar en el microondas durante 30 a 40 segundos hasta que se disuelva por completo. Dejar enfriar un poco

b) En un recipiente apto para microondas, remoja la gelatina en agua durante 2 minutos. Luego, caliente en el microondas durante 30 segundos a un minuto hasta que se disuelva.
c) Mezcle las fresas con jugo de limón en un procesador de alimentos hasta que quede suave. Colar a través de un colador o malla. Luego agregue el azúcar y combine bien.
d) Agregue el agar-agar derretido al puré de fresas. La mejor forma de hacerlo es añadir unas cucharadas de puré de fresas al agar-agar. Luego combina los dos.
e) En el tazón de una batidora de pie con el accesorio para batir, bata la crema espesa con azúcar en polvo hasta que forme picos rígidos.
f) Luego combine suavemente la crema batida y la mezcla de fresas. Esta es tu mousse de fresa lista
g) Use un molde de silicona de cúpula grande de 3 pulgadas. Llénalo hasta la mitad con mousse, luego inserta la cúpula de crema pastelera congelada que creamos anteriormente. Agite la sartén para eliminar las bolsas de aire y use un dedo para dejar que la cúpula se hunda ligeramente. Cubra con más mousse de fresa. Use una espátula para nivelar la parte superior y raspar cualquier exceso.
h) Coloque en el congelador durante aproximadamente 2 a 3 horas o hasta que esté firme.

PARA EL COULIS
a) Mezcle las fresas en un procesador de alimentos hasta que quede suave.
b) En una cacerola, agregue agua, maicena, azúcar y puré de fresa. Cocine a fuego lento hasta que la mezcla esté espesa y transparente.
c) Colar a través de un tamiz una vez más y dejar enfriar a temperatura ambiente.

ARMAR
a) Cuando las cúpulas de mousse de fresa estén firmes, invierte los moldes de silicona y retíralos del molde.

b) Coloque cada cúpula sobre la corteza de galleta de avellana preparada.
c) Cubra con una cucharadita de coulis de fresa espeso si ha usado una cúpula con un centro hueco. Adorne con una hoja de menta y una rodaja de fresa. Yo uso flores de azúcar.
d) Deje descongelar en el refrigerador durante una hora antes de servir para que la mousse esté suave y no congelada.
e) ¡Disfrutar!

85. Cúpulas de mousse de chocolate y naranja

Rinde: 8 porciones

INGREDIENTES
CREMA DE NARANJA
- 1/3 taza de jugo de naranja
- 1 cucharadita de ralladura de naranja
- 1 cucharada de azúcar
- 2 cucharadas de crema
- 1 yema de huevo
- 1/2 cucharadita de gelatina en polvo
- 1 cucharada de jugo de naranja
- Cáscara de naranja confitada, picada

GENUSA NARANJA
- 3 huevos
- 1/3 taza de azúcar
- 3/4 taza de harina para todo uso
- 1 ½ cucharadas de mantequilla, derretida
- 1 cucharadita de ralladura de naranja

PARA REMOJAR LA GENOVESA
- 2 cucharadas de licor de naranja

MOUSSE DE CHOCOLATE
- 5.5 onzas de chocolate semidulce
- 1/2 taza de crema para batir
- 2/3 taza de crema para batir, fría
- 1 cucharadita de gelatina en polvo
- 1 cucharada de agua fría

ESMALTE ESPEJO
- 6 onzas de chocolate blanco, en trozos pequeños
- 1/3 taza de agua
- 3/4 taza de azúcar
- 3 1/2 onzas de leche condensada azucarada
- 1 cucharadita de extracto de vainilla
- 1 cucharada de gelatina en polvo
- 1/4 taza de agua fría

● Colorante alimentario blanco y naranja para glaseado de espejo coloreado

INSTRUCCIONES
PREPARAR LA CREMA DE NARANJA.
a) En un bol mezclar la yema con el azúcar hasta que quede cremosa y de color amarillo claro.
b) En un tazón pequeño, coloque la gelatina y 1 cucharada de jugo de naranja y deje que se hinche durante 5 a 10 minutos.
c) En una cacerola pequeña, hierva el jugo de naranja, la ralladura de naranja y la crema espesa. Retire del fuego y vierta una cuarta parte de la mezcla hervida a la yema, para templar, revolviendo continuamente.
d) Vierta la mezcla de yemas a la mezcla de naranja hervida restante, vuelva a calentar y continúe cocinando hasta que comience a espesar, no cocine demasiado.
e) Retire del fuego y agregue la gelatina florecida. Coloca pequeños moldes de silicona para cake pops en una bandeja de horno y vierte la mezcla. Agregue cáscara de naranja confitada encima de cada uno y congele hasta que esté listo para usar.

PREPARAR GENOISE DE NARANJA.
a) Precaliente el horno a 350F.
b) Engrase un molde de 9 × 13 pulgadas y cubra con papel pergamino.
c) En un recipiente resistente al calor, agregue los huevos y el azúcar. Mezclar para combinar. Coloque sobre una cacerola con agua hirviendo a fuego lento y continúe mezclando durante unos 7-8 minutos hasta que espese y triplique su volumen. Tenga cuidado de no cocinar los huevos, la temperatura de la mezcla no debe superar los 122F.
d) Retire del fuego y continúe mezclando hasta que se enfríe un poco. Mezclar con la ralladura de naranja.
e) Mezcle gradualmente la harina tamizada y la mantequilla derretida.

f) Vierta la masa en el molde preparado y hornee durante unos 10 minutos hasta que esté dorada y al insertar un palillo en el centro del pastel, éste salga limpio.

g) Retire del horno, deje que se enfríe en la sartén durante 5 minutos y transfiéralo a una rejilla para que se enfríe por completo.

PREPARAR MOUSSE DE CHOCOLATE.

a) En un recipiente resistente al calor, agregue el chocolate semidulce y 1/2 taza de crema batida. Coloca el bol sobre una cacerola con agua hirviendo, a fuego lento, hasta que se derrita todo el chocolate. Mientras tanto, disuelva la gelatina en agua fría y deje que se hinche durante unos 5 a 10 minutos. Agregue gelatina florecida sobre el chocolate derretido y revuelva para disolver. Deje que la mezcla de chocolate se enfríe completamente a temperatura ambiente.

b) Batir los 2/3 de taza de crema batida fría restante hasta que se formen picos rígidos. Agregue la mezcla de chocolate derretido y mezcle hasta que esté bien combinado.

c) Montaje de cúpulas.

d) Corte el bizcocho genovés en discos de 2,7 pulgadas. Cepille cada uno con licor de naranja o simplemente con un poco de jarabe de azúcar.

e) Coloque moldes de silicona de medio círculo de 2,7 pulgadas en una bandeja para hornear y, con una punta plana de ½ pulgada, coloque un poco de mousse de chocolate en la base de los moldes y use una cuchara para esparcir la mousse por todos los lados de los moldes.

f) Añadir un poco más de mousse de chocolate hasta la mitad del molde.

g) Agregue Cremieux de naranja encima de cada uno y coloque mousse de chocolate alrededor.

h) Cubra con discos de genoise empapados en licor y congele durante la noche.

PREPARAR ESMALTE ESPEJO.

a) En un tazón pequeño, coloque la gelatina y 1/4 taza de agua fría y deje que se hinche de 5 a 10 minutos.
b) Colocar el chocolate en un bol y reservar.
c) Coloque el agua, el azúcar y la leche condensada en una cacerola. Llevar a ebullición y retirar del fuego. Agregue la gelatina florecida hasta que se disuelva.
d) Vierta la mezcla caliente sobre el chocolate. Deje reposar durante unos 5 minutos hasta que el chocolate se derrita.
e) Use una licuadora de inmersión y mezcle hasta que quede suave. Agregue extracto de vainilla y colorante blanco para alimentos. Tamizar el glaseado. Vierta aproximadamente ½ taza de glaseado en un tazón pequeño. Agregue colorante alimentario naranja y procese para combinar. Agregue glaseado naranja al glaseado blanco y revuelva ligeramente para crear un efecto de mármol.
f) Deje que el glaseado se enfríe a 90-95F antes de verter sobre las cúpulas congeladas.
g) Retire las cúpulas de los moldes y colóquelas sobre una rejilla colocada en una bandeja para hornear forrada con papel pergamino.
h) Vierta el glaseado de mármol sobre las cúpulas, transfiéralas con cuidado a una fuente para servir y refrigere durante aproximadamente 1-2 horas.
i) Decora el fondo de cada uno con chocolate blanco troceado y mantén en refrigeración hasta el momento de servir.

86. Domos de Panna Cotta y Mousse de Mango

Hace: 6-7 domos

INGREDIENTES
PANNA COTTA
- 150 g de nata para montar
- 50 g de leche
- 33 g de azúcar granulada
- 2 cucharaditas de pasta de vainilla
- 2 g de gelatina de hoja

CUBO DE MANGO
- 1 pulpa de mango cortada en cubitos
- puré de mango 100g
- 2 g de gelatina de hoja
- 25 g de azúcar granulada

MOUSSE DE MANGO
- 150 g de puré de mango
- 4 g de gelatina de hoja
- 10 g de azúcar granulada
- 120 g de nata para montar

GLASEADO DE MANGO
- 1 cucharadita de jugo de limón
- puré de mango 100g
- 4 g de gelatina de hoja
- 2 cucharaditas de azúcar granulada

INSTRUCCIONES:
PARA LA PANCOTA
a) Llevar a ebullición la nata, la leche, el azúcar y la pasta de vainilla.
b) Retire del fuego, agregue y revuelva la gelatina blanda hasta que se disuelva.
c) Dejar enfriar. Vierta la mezcla a través de un tamiz en pequeños vasos o moldes.
d) Enfriar en la nevera hasta que cuaje.

PARA LOS CUBO DE MANGO
a) Cortar el mango en cubos pequeños.
b) Hervir la mitad del puré de mango con el azúcar hasta que se disuelva el azúcar.
c) Retire del fuego, agregue y revuelva la gelatina blanda hasta que se disuelva.
d) Mezcle la otra mitad del puré de mango y los cubos de mango.
e) Coloque los cubos de mango encima de la panna cotta.
f) Enfriar en la nevera hasta que cuaje.

PARA LA MOUSSE DE MANGO
a) Hervir la mitad del puré de mango con el azúcar hasta que se disuelva el azúcar.
b) Retire del fuego, agregue y revuelva la gelatina blanda hasta que se disuelva.
c) Mezcle la otra mitad del puré de mango.
d) Agregue la crema batida y revuelva bien hasta obtener una mousse de mango amarillo claro.
e) Cuchara encima de los cubos de mango.
f) Enfriar en la nevera hasta que cuaje.

PARA EL GLASEADO DE MANGO
a) Hervir la mitad del puré de mango con el azúcar hasta que se disuelva el azúcar.
b) Retire del fuego, agregue y revuelva la gelatina blanda hasta que se disuelva.
c) Mezcle la otra mitad del puré de mango y el jugo de limón.
d) Dejar enfriar. Mientras tanto desmolda la panna cotta y la mousse de mango.
e) Vierta el glaseado de mango por encima. [Consulte mi publicación anterior para ver un truco]
f) Enfriar en la nevera hasta que cuaje. Decora y disfruta.

87. Mini cúpula de mousse de arándanos con glaseado de espejo

Rinde: 15 pasteles

INGREDIENTES:
PARA LA GELÉ DE ARÁNDANO:
- 1 1/2 tazas de arándanos
- 1/4 taza de azúcar granulada, dividida
- 3 cucharaditas de jugo de limón, dividido
- 1 1/2 hojas de gelatina de hoja
- 2 cucharadas de agua, y más para la gelatina floreciente

PARA PASTEL:
- 2 huevos grandes, separados, a temperatura ambiente
- 1/4 taza de azúcar granulada, dividida
- 1 cucharada de leche
- 1/4 cucharadita de extracto de almendras
- 1/4 taza más 2 cucharadas de harina para pastel
- 2 cucharadas de harina de almendras
- 1/4 de cucharadita de sal marina fina

PARA LA ESPUMA:
- 3 hojas de gelatina de hoja
- 1/2 taza de puré de arándanos
- 1/2 taza de queso mascarpone, a temperatura ambiente
- 1/4 taza de azúcar granulada
- 3/4 taza de crema para batir
- 1/2 cucharadita de extracto de vainilla
- 1/4 cucharadita de extracto de almendras
- pizca de sal marina fina

PARA ESMALTE ESPEJO:
- 6 hojas de gelatina de hoja
- 1 taza de azúcar
- 2/3 taza de jarabe de maíz o jarabe de glucosa
- 1/2 taza de agua
- 1/2 taza de leche condensada azucarada
- 7 onzas de chocolate blanco de buena calidad, finamente picado

INSTRUCCIONES:
PARA HACER EL PURÉ Y GELÉ DE ARÁNDANOS:

a) Combine los arándanos, 2 cucharadas de azúcar y 1 1/2 cucharaditas de jugo de limón en una cacerola pequeña.
b) Cocine a fuego lento a fuego medio, aplastando las bayas ligeramente mientras revuelve, hasta que los arándanos se ablanden y exploten.
c) Transfiera a una licuadora o procesador de alimentos y haga puré hasta que esté completamente suave.
d) Mida 1/2 taza de puré y vuelva a colocarlo en la cacerola. Ponga el resto en un frasco o recipiente hermético y refrigérelo para más tarde.
e) Corte las hojas de gelatina en tiras de 1 pulgada y sumérjalas en agua fría durante al menos 5 minutos para que se ablanden. Si usa gelatina en polvo, espolvoree 1 1/2 cucharaditas sobre 2 cucharadas de agua fría.
f) Agregue las 2 cucharadas restantes de azúcar y 1 1/2 cucharaditas de jugo de limón, junto con 2 cucharadas de agua a la cacerola con puré. Caliente hasta que apenas comience a burbujear.
g) Exprima la gelatina ablandada con las manos, exprimiendo la mayor cantidad de agua posible.
h) Agregue a la cacerola con la mezcla tibia de arándanos y bata hasta que se disuelva por completo.
i) Vierta la mezcla de arándanos en moldes de esfera de silicona de 1 pulgada. Alternativamente, puede usar un pastel forrado de pergamino o un molde para hornear.
j) Cubra con pergamino, dejando asas que sobresalgan de los lados para permitir una fácil extracción de la gelatina fija. Cortarás "monedas" de gelée de esta pieza más grande, en lugar de usar medias esferas pequeñas en tus pasteles.
k) Refrigere durante la noche hasta que esté completamente listo, luego retire suavemente de los moldes.

PARA HACER EL BIZCOCHO:

a) Precaliente el horno a 350 grados F. Cubra una bandeja de un cuarto de hoja con papel de aluminio o un tapete de silicona para hornear; grasa o papel de mantequilla.
b) Coloque las yemas de huevo en un tazón; bata vigorosamente con 3 cucharadas de azúcar hasta que se aclare el color. Batir la leche y el extracto de almendras.
c) Tamizar la harina de pastel y la harina de almendras; agregue sal y doble hasta que se incorpore.
d) En un recipiente limpio, bata las claras de huevo hasta que estén espumosas. Agregue la cucharada de azúcar restante y bata hasta que las claras tengan picos medianos. Dobla 1/3 de las claras en la mezcla de masa para aclarar, luego raspa la mezcla de masa en el tazón con las claras, doblando hasta que se incorporen y no queden rayas blancas puras.
e) Vierta la masa en una bandeja para hornear preparada, extiéndala en una capa delgada y uniforme. Hornee durante 9 a 11 minutos o hasta que el pastel esté esponjoso al tacto y apenas comience a oscurecerse alrededor de los bordes. Dejar enfriar por completo.

PARA LA MOUSSE DE ARÁNDANO:
a) Corte la gelatina en tiras de 1 pulgada y sumérjala en agua fría para que se ablande.
b) Mientras tanto, vuelva a calentar 1/2 taza de puré de arándanos en una cacerola a fuego medio hasta que vuelva a estar suave.
c) Escurra el agua de la gelatina blanda y agréguela al puré de arándanos tibio; bata hasta que quede suave. Ponga a un lado y deje enfriar a tibio.
d) En un tazón, mezcle el mascarpone a temperatura ambiente con el azúcar, la sal y los extractos hasta que quede suave y pastoso. Agregue la mezcla tibia de arándanos y bata hasta que quede suave.
e) En un tazón limpio o en el tazón de una batidora de pie, bata la crema espesa hasta que tenga picos suaves. Agregue 1/3 de crema a la mezcla de arándanos y mezcle para aclarar, luego

agregue toda la mezcla de arándanos al tazón con la crema y mezcle hasta que esté completamente incorporado.

f) Para armar sus pasteles, coloque la mousse con una cuchara o tubo en moldes de silicona, no completamente llenos.

g) Presione suavemente una esfera de gelée, con el lado curvo hacia abajo, en la parte superior de cada molde relleno de mousse. Raspe con una espátula inclinada para que la parte superior quede perfectamente nivelada con la parte superior del molde. Por último, corta círculos de bizcocho exactamente del mismo tamaño que la base de los moldes y presiona sobre la parte superior de la mousse. Congele al menos 3 horas o toda la noche hasta que esté completamente firme.

h) Antes de hacer el glaseado, retire los pasteles de los moldes y colóquelos en una bandeja para hornear congelada forrada con papel pergamino. Regrese al congelador hasta justo antes de glasear.

PARA ESMALTE ESPEJO:

a) Corte la gelatina en tiras de 1 pulgada y sumérjala en agua fría durante al menos 5 minutos para que se ablande. Coloque el chocolate blanco en un recipiente resistente al calor y reserve.

b) Combine el azúcar, el jarabe de maíz y el agua en una cacerola y hierva a fuego medio hasta que el azúcar se disuelva por completo y la mezcla esté clara.

c) Retire del fuego, luego agregue la gelatina y bata hasta que se disuelva. Batir en la leche condensada azucarada.

d) Vierta la mezcla caliente sobre el chocolate blanco picado y deje reposar durante 30 segundos, luego revuelva hasta que el chocolate se derrita por completo y la mezcla esté suave.

e) Deje que el glaseado se enfríe, revolviendo ocasionalmente, hasta que el glaseado alcance aproximadamente 95 grados F en un termómetro de lectura instantánea. El glaseado debe tener la temperatura correcta o no formará una capa lo suficientemente gruesa en el exterior de los pasteles.

f) Cuando el glaseado alcance los 95-96 grados, agregue colorante alimentario en polvo o en gel según lo desee. Los colores más oscuros tienden a verse particularmente llamativos con esta técnica de esmalte.

g) Retire los pasteles del congelador y colóquelos en una bandeja para hornear forrada con pergamino, elévelos con pequeños frascos o cortadores de galletas.

h) Vierta generosamente el glaseado sobre los pasteles, teniendo cuidado de asegurarse de que no queden espacios vacíos. Deje que el exceso de glaseado se escurra durante 5 o 10 minutos, luego raspe suavemente los bordes para eliminar las gotas restantes.

i) Con cuidado, transfiera los pasteles usando una espátula pequeña desplazada a círculos de pastel de cartón o pequeños pedazos de papel pergamino para facilitar el movimiento.

j) Cualquier glaseado sobrante se puede raspar y refrigerar en un recipiente hermético para su uso posterior.

88. Cúpula de tarta de mousse de matcha

Rinde: 6 tartas más
INGREDIENTES:
- 5 gramos de gelatina en lámina, remojada en agua fría
- 100 gramos de leche
- 7 gramos de polvo de matcha
- 1 yema
- 1 clara de huevo
- 60 gramos de azúcar en polvo, dividido
- 100 gramos de nata para montar

INSTRUCCIONES:
a) Vierta la leche en una cacerola pequeña y agregue el polvo de matcha, bata para deshacer los grumos. Baje el fuego a bajo y caliente la mezcla, no hierva.
b) En un tazón pequeño, mezcle la yema y 30 gramos de azúcar en polvo hasta que la mezcla esté pálida y esponjosa. Vierta la mezcla de leche de matcha tibia gradualmente en la mezcla de yema mezclando mientras vierte para evitar que se cuaje.
c) Volvemos a verter la mezcla en la cacerola y cocinamos a fuego lento hasta que quede una crema fina, unos 12 minutos o hasta que la temperatura alcance los 85ºC.
d) Apague el fuego, exprima el exceso de agua de la gelatina blanda y agréguela a la crema pastelera caliente, revuelva hasta que la gelatina se disuelva por completo. Transfiera a un recipiente resistente al calor y deje enfriar a temperatura ambiente.
e) Para hacer el merengue: en un tazón, mezcle la clara de huevo y los 30 gramos restantes de azúcar en polvo. Coloque el tazón encima de la olla con agua apenas hirviendo, bata hasta que el azúcar se disuelva por completo.
f) Retire el recipiente del fuego y bata la mezcla con una batidora eléctrica hasta que se formen picos rígidos, reserve.
g) Batir la crema hasta que se formen picos suaves, reservar.
h) Cuando la crema de matcha se haya enfriado, agregue la crema y mezcle hasta que esté bien combinado. Incorpore el merengue y mezcle bien.
i) Verter la mezcla en un molde de silicona de 6 cavidades, dejando un espacio para la gelatina. Enfriar en la nevera hasta que cuaje.

TORTAS Y TARTAS DE MOUSSE

89. Mousse De Tarta De Queso Con Chispas De Menta

Hace: 8

INGREDIENTES
- 13 Oreos regulares, finamente trituradas en un procesador de alimentos
- 2 cucharadas de mantequilla, derretida
- 2 cucharadas de agua fría
- 1 1/2 cucharadita de gelatina en polvo
- 1 1/2 tazas de crema espesa
- Dos paquetes de 8 onzas de queso crema, suavizado
- colorante alimentario verde y amarillo
- 1 cucharadita de extracto de menta
- 1/2 cucharadita de extracto de menta
- 1 1/2 tazas de azúcar en polvo, dividida
- Barra de 31/2 onzas de chocolate semidulce, finamente picado
- Crema batida azucarada, hojas de menta y chocolate finamente picado para decorar

INSTRUCCIONES:

a) En un tazón, mezcle las Oreos trituradas y la mantequilla, divida la mezcla entre 8 tazas pequeñas de postre y presione suavemente en una capa uniforme.
b) Agregue agua a un tazón pequeño, luego espolvoree la gelatina uniformemente sobre la parte superior, deje reposar de 5 a 10 minutos.
c) Mientras tanto, vierta la crema espesa en un tazón mediano y bata hasta que se formen picos suaves. Agregue 1/4 taza de azúcar en polvo y bata hasta que se formen picos rígidos, reserve.
d) Agregue el queso crema a un tazón para mezclar separado y mezcle con una batidora manual eléctrica hasta que quede suave y esponjoso, aproximadamente 2 minutos. Agregue las 1 1/4 tazas restantes de azúcar en polvo y mezcle hasta que se mezclen.
e) Agregue la menta y el extracto de menta, y el colorante para alimentos y mezcle hasta que se combinen, reserve.
f) Caliente la mezcla de gelatina en el microondas a potencia alta durante 30 segundos, luego retírela y bata durante 1 minuto para asegurarse de que se disuelva bien.
g) Deje enfriar 3 minutos, luego vierta la mezcla de gelatina en la mezcla de queso crema e inmediatamente mezcle con una batidora manual para combinar.
h) Agregue la mezcla de crema batida y el chocolate picado a la mezcla de queso crema y mezcle hasta que se mezclen uniformemente.
i) Vierta la mezcla en lotes en una manga pastelera y vierta la mousse sobre la capa de corteza de Oreo. Enfriar 3 horas.
j) Sirva frío y, si lo desea, coloque crema batida azucarada encima, adorne con menta y chocolate picado.

90. Mousse De Tarta De Queso De Terciopelo Rojo

Hace: 3

INGREDIENTES:
- 6 onzas de queso crema estilo bloque ablandado
- ½ taza de crema espesa
- 2 cucharadas de crema agria entera
- ⅓ taza de edulcorante en polvo bajo en carbohidratos
- 1 ½ cucharadita de extracto de vainilla
- 1 ½ cucharadita de cacao en polvo
- ½ cucharadita a 1 cucharadita de colorante alimentario rojo natural, dependiendo de si desea un color rojo en lugar de rosado
- Crema de leche batida endulzada con gotas de stevia
- Barra de chocolate sin azúcar virutas de chocolate keto rallado

INSTRUCCIONES

a) En un tazón grande con una batidora de mano eléctrica o una batidora de pie, agregue el queso crema ablandado, la crema espesa, la crema agria, el edulcorante en polvo y el extracto de vainilla.

b) 6 onzas de queso crema estilo bloque, ½ taza de crema espesa, ⅓ taza de edulcorante en polvo bajo en carbohidratos, 1 ½ cucharadita de extracto de vainilla, 2 cucharadas de crema agria

c) Mezcle a fuego lento durante un minuto, luego a medio durante unos minutos hasta que esté espeso, cremoso y bien combinado.

d) Agregue el cacao en polvo y mezcle a velocidad alta hasta que se mezclen, raspando el costado con un raspador de goma para mezclar bien.

e) 1 ½ cucharadita de cacao en polvo

f) Agregue colorante rojo para alimentos y mezcle hasta que se mezcle o tenga la consistencia de pudín.

g) ½ cucharadita a 1 cucharadita de colorante rojo natural para alimentos

h) Cucharee o use una manga pastelera para colocar la mousse en un vaso o tazón pequeño para postre.

i) Decorar con una cucharada de nata montada sin azúcar y un poco de chocolate sin azúcar rallado opcional. Atender

j) Crema de leche batida endulzada con gotas de stevia, virutas de barra de chocolate sin azúcar

91. Mini tortas de mousse de cacao

INGREDIENTES:

CORTEZA:
- 2 tazas de semillas y/o nueces
- 1/2 taza de dátiles, sin hueso y picados
- 1/4 taza de aceite de coco, derretido
- 1 pizca de sal

MOUSSE:
- 6-10 aguacates
- 1 1/4 taza de cacao en polvo
- 1 1/4 taza de miel o agave
- 2 gotas de aceite esencial de menta

INSTRUCCIONES:

CORTEZA:
a) Procese finamente las semillas y/o frutos secos en un procesador de alimentos equipado con cuchilla S. ¡También es posible cortar a mano!
b) Mezcle todos los ingredientes de la corteza en un tazón y amase hasta que quede pegajoso y pastoso.
c) Presione en un molde con forma de resorte, cubriendo el fondo de manera uniforme.

MOUSSE:
d) Coloque todos los ingredientes de la mousse en su procesador de alimentos equipado con una hoja S y procese durante unos cinco minutos.
e) Asegúrate de que todo esté bien combinado y suave como la seda.
f) Vierte la mousse en el molde y refrigera por 8 horas.
g) Se conserva bien en la nevera durante unos días.

92. Magdalenas De Ratón

Rinde: 24 pastelitos

INGREDIENTES:
- 1 caja de mezcla para pastel de chocolate de 18.25 onzas más los ingredientes indicados en la caja
- 1/2 taza de aceite
- 24 galletas pequeñas redondas de chocolate y menta, cortadas por la mitad
- 1 bolsa de 12.6 onzas de bombones redondos cubiertos de caramelo
- Hilos finos de regaliz negro
- 24 bolas de helado de chocolate

INSTRUCCIONES:
a) Precaliente el horno a 375°F. Forre un molde para muffins con moldes para hornear de papel.
b) Prepare la masa y hornee de acuerdo con las instrucciones de mezcla para pasteles para cupcakes con aceite de oliva.
c) Retira los cupcakes del horno y deja que se enfríen por completo.
d) Retire las magdalenas de los vasos de papel.
e) Usando galletas redondas a la mitad para las orejas, dulces para los ojos y la nariz, y regaliz para los bigotes, decore las magdalenas para que se parezcan a los ratones. Coloque en una bandeja para hornear galletas y congele.

93. Tarta de mousse de fresas y chocolate blanco

Rinde: 8 porciones

INGREDIENTES:
PASTELERÍA:
- 1¾ taza de harina sin blanquear
- ¼ taza de azúcar moreno claro compactado
- 2½ cucharaditas de cáscara de naranja, rallada
- ⅛ cucharadita de sal
- 1¾ barras de mantequilla sin sal
- 1½ cucharada de jugo de naranja fresco
- 1 yema de huevo
- 1 cucharadita de extracto de vainilla
- 2 onzas de chocolate blanco

MOUSSE:
- 6 onzas de chocolate blanco
- ¼ taza de crema espesa
- 1 clara de huevo grande
- 1 cucharada de azúcar
- ½ taza de crema para batir, batida
- 2 cucharadas de gran marnier
- 1 fresa grande, con tallos
- 25 fresas grandes, sin cáscara
- ½ taza de mermelada de fresa

INSTRUCCIONES:
a) Para la masa: Mezclar los primeros 4 ingredientes en un bol. Agregue mantequilla y córtela en la mezcla hasta que parezca una comida fina. Licúa el jugo de naranja con la yema de huevo y la vainilla. Agregue suficiente mezcla de jugo para secar los ingredientes y formar una bola que se junte.
b) Reúna la masa en una bola y aplánela en una ronda de aproximadamente 12 pulgadas.
c) Coloque la rejilla en el centro del horno y precaliente a 375 grados.

d) Estirar la masa entre láminas de plástico para envolver hasta un grosor de ⅛ de pulgada. Recorte a un círculo de 11 pulgadas.
e) Retire la envoltura de plástico de la parte superior e inviértala en un molde redondo con forma de resorte de 10 pulgadas con fondo removible. Retire la envoltura de plástico y presione en la parte inferior y superior de los lados de la sartén... engarce los bordes superiores.
f) Congelar durante 15 minutos. Cubra la base de la tarta con papel de aluminio y agregue pesos de tarta o frijoles.
g) Hornee hasta que los lados estén firmes, aproximadamente 10 minutos.
h) Retire el papel de aluminio y los pesos. Hornee la masa hasta que esté dorada, unos 16-20 minutos.
i) Espolvorea dos onzas de chocolate blanco sobre la corteza caliente. Deje reposar durante aproximadamente 1 minuto.
j) Usando el dorso de una cuchara, esparza el chocolate por el fondo y los lados.
k) Transferir a una rejilla para enfriar.

94. Torta de mousse con corteza de oreo

Hace: 1 porción

INGREDIENTES:
- 24 galletas oreo
- ¼ taza de mantequilla sin sal, derretida
- ¾ taza de crema para batir
- 8 onzas de chocolate semidulce, picado
- 1 libra de chocolate blanco, picado
- 3 tazas de crema para batir fría
- 1 paquete de gelatina sin sabor
- ¼ taza de agua
- 1 cucharadita de extracto de vainilla
- Galletas oreo picadas

INSTRUCCIONES:
PARA LA CORTEZA:
a) Unte con mantequilla un molde desmontable de 10" de diámetro con lados de 2¾" de alto.
b) Moler finamente las galletas en el procesador. Agregue la mantequilla derretida y mezcle hasta que se combine. Presiona la mezcla de la corteza en el fondo del molde preparado. Lleve la crema a fuego lento en una cacerola mediana pesada. Reduzca el fuego a bajo. Agrega el chocolate y bate hasta que se derrita y quede suave. Vierta la mezcla de chocolate sobre la corteza. Enfriar.

PARA RELLENAR:
c) Combine el chocolate blanco y 1 taza de crema encima de una caldera doble. Revuelva sobre agua hirviendo hasta que se derrita y esté suave. Retire del agua. Fresco a apenas tibio. Espolvorea gelatina sobre ¼ de taza de agua en una cacerola pequeña y pesada. Deje reposar durante 5 minutos para que se ablande. Revuelva a fuego lento hasta que la gelatina se disuelva. Vierta en un tazón grande. Agregue las 2 tazas restantes de crema y vainilla y revuelva para combinar.
d) Batir la mezcla de crema y gelatina a picos suaves. Incorpore la mezcla de chocolate blanco.
e) Vierta el relleno en la corteza. Refrigere hasta que el relleno esté firme, al menos 6 horas o toda la noche.
f) Pase un cuchillo pequeño y afilado alrededor de los lados de la sartén para aflojar la torta.
g) Suelte los lados de la sartén. Espolvorea la parte superior con galletas picadas.

95. Cannoli suaves con mousse de limón

Marcas; 9 cannoli

INGREDIENTES:
PARA LAS CONCHAS BLANDAS DE CANNOLI
- 2 huevos grandes
- 55 g de azúcar en polvo
- 55 g de harina de trigo blanda
- 1 pizca de sal
- 1/2 cucharadita de pasta de vainilla
- 1 cucharadita de jugo de limón
- 1/2 ralladura de limón

PARA LA MOUSSE DE NATA Y CURD DE LIMÓN
- 85 g de queso de pasta blanda entero
- 115 g de leche condensada
- 65 g de nata coagulada
- 45 g de crema de limón
- 1 cucharada de jugo de limón

INSTRUCCIONES:

a) Prepare sus cáscaras separando sus claras y yemas de huevo. En primer lugar, bata las claras de huevo con una pizca de sal y 1 cucharadita de jugo de limón a punto de nieve agregando la mitad del azúcar en polvo en dos veces. Una vez que haya preparado su merengue brillante, déjelo a un lado.

b) Batir las yemas de huevo con la vainilla, la otra mitad del azúcar impalpable y la ralladura de limón, hasta que blanqueen. Agregue su merengue una cuchara para servir a la vez y doble desde abajo tratando de mantener la mayor cantidad de aire posible.

c) Tamiza tu harina y agrégala a la mezcla de huevo en dos mitades, e incorpora con una espátula siempre teniendo cuidado de no mezclar la masa. Pasar a una manga pastelera y hacer unos discos de unos 9 cm en una bandeja de horno cubierta con papel pergamino. Puede usar un cortador o un anillo de chef para dibujar el contorno.

d) Hornear durante 5 minutos en horno precalentado a 200 C. Una vez cocidas las conchas pasar a una rejilla para que se enfríen, estas deben quedar blandas.

e) Mientras tanto, prepara tu mousse batiendo todos los ingredientes en un bol. Las cantidades son suficientes para llenar 9 cannoli, sin embargo, si queda algo, solo coloque en tazas pequeñas para un postre ligero.

f) Una vez que los ingredientes hayan alcanzado una consistencia blanda pero firme, los colocamos en una manga pastelera con boquilla de estrella.

g) Sus conchas de cannoli ahora se han enfriado, espolvoree con azúcar glas el exterior y coloque la mousse directamente en el centro de los discos de esponja. Dobla la esponja a cada lado y pellizca la parte superior para cerrar. Sirva con unas rodajas de fresas y hojas de menta para decorar.

96. Pastel Bundt de levadura de calabaza

Hace: 12

INGREDIENTES:
- 1 taza de mousse de calabaza
- 2½ tazas de harina de espelta normal o harina de trigo para pastel
- ½ taza de cualquier leche vegetal vegetal
- 7 gramos de levadura seca
- ½ taza de azúcar de caña o cualquier otro azúcar sin refinar
- jugo y ralladura de 1 limón
- 1 cucharada de aceite de coco líquido
- 1 taza de arándanos secos

INSTRUCCIONES:
a) Combine la harina, la levadura, el azúcar y los arándanos en un tazón.
b) En una cacerola pequeña, caliente lentamente la mousse de calabaza, la leche vegetal, el jugo y la ralladura de limón y el aceite de coco. Amasar los ingredientes húmedos en la masa. Esto debería tardar unos 8 minutos en completarse.
c) Espolvorea una fina capa de harina sobre la forma de bizcocho Bundt y engrásala. Coloque la masa en la sartén, cúbrala y déjela reposar durante 1 hora en un lugar cálido.
d) Precaliente el horno a 180°C/350°F y hornee por 35 minutos.

97. Pastel de mousse de chocolate congelado de Bailey's

Rinde: 8 porciones

INGREDIENTES:
- ¼ taza de espresso molido
- ½ taza de agua
- 1 taza de harina de pastel
- ½ cucharadita de bicarbonato de sodio
- ¼ de cucharadita de sal
- 4 cucharadas de mantequilla sin sal
- ½ taza Más 2 cucharadas de azúcar granulada
- 2 huevos grandes
- ½ cucharadita de extracto de vainilla
- ¼ taza de crema agria
- 5 onzas de chocolate agridulce, picado en trozos grandes
- ¼ taza más 2 cucharadas de leche
- ¼ taza de azúcar granulada
- ⅛ cucharadita de sal
- 2 cucharaditas de extracto de vainilla
- ½ taza de licor de crema irlandesa Bailey's, cantidad dividida
- 6 onzas de mascarpone, suavizado
- 1 taza de crema espesa
- ¼ taza de avellanas, ligeramente tostadas y picadas en trozos grandes
- 4 onzas de chocolate agridulce, cortado en trozos de 1/2 pulgada
- ¾ taza de crema espesa
- 2 cucharadas de licor de crema irlandesa Bailey's
- 1 cucharada de azúcar glas
- 2 onzas de chocolate agridulce, picado en trozos grandes
- Salsa de chocolate tibia

INSTRUCCIONES:
PASTEL EXPRÉS:

a) Coloque una rejilla en el tercio inferior del horno y precaliente a 350 F. Engrase ligeramente un molde para pastel cuadrado de 8 pulgadas. Espolvoree la sartén con harina y saque el exceso.
b) Coloque el espresso molido en una taza o tazón pequeño. Caliente el agua hasta que hierva y viértala sobre el espresso en polvo. Permita que los terrenos se empapen durante 5 minutos. Colar el café a través de una doble capa de gasa.
c) Mida ¼ de taza de café y reserve. En un aullido grande, con un batidor de alambre, mezcle la harina, el bicarbonato de sodio y la sal.
d) Tamiza la mezcla en un pedazo grande de papel encerado. En el tazón de 4½ cuartos de galón de una batidora eléctrica de alta resistencia con el accesorio de paleta, bata la mantequilla a velocidad media durante 1 a 2 minutos hasta que esté cremosa.
e) Agregue gradualmente el azúcar, mezcle bien entre las adiciones y raspe los lados del tazón cuando sea necesario. Agregue los huevos uno a la vez y bata hasta que se mezclen. Agregue la vainilla y la crema agria. A velocidad baja, agregue la mitad de la mezcla de harina y bata hasta que se mezclen. Agregue ¼ de taza de espresso y mezcle bien.
f) Agregue la mezcla de harina restante. Raspe la masa en el molde preparado y hornee durante 25 a 30 minutos o hasta que el pastel comience a separarse de los lados del molde y un probador insertado en el centro del pastel salga limpio. Retire la fuente del horno y colóquela sobre una rejilla para que se enfríe por completo.

MOUSSE DE TROZOS DE CHOCOLATE:
a) Ponga el chocolate en un procesador de alimentos equipado con la cuchilla para picar de metal. Procese durante 20 a 30 segundos, hasta que esté finamente molido. En una cacerola pequeña, combine la leche, el azúcar y la sal.
b) Cocine a fuego medio, revolviendo con una cuchara de madera, hasta que el azúcar se disuelva y la leche hierva. Retire la sartén del fuego.

c) Agregue el extracto de vainilla y ¼ de taza de Bailey's. Con el motor del procesador de alimentos en marcha, vierta la leche caliente a través del tubo de alimentación.

d) Procesa de 10 a 20 segundos, hasta que el chocolate se derrita por completo. Usando una espátula, raspe la mezcla de chocolate en un tazón grande y enfríe durante unos 5 minutos, hasta que esté tibia. En el tazón de 4 1/2 cuartos de una batidora eléctrica de alta resistencia con el accesorio de paleta, bata el mascarpone a velocidad media-baja hasta que se ablande.

e) Agregue gradualmente el resto de Bailey's, raspando el costado del tazón según sea necesario. Cambie al accesorio de batidor de alambre y, batiendo a velocidad media, agregue la crema espesa. Aumente la velocidad a media-alta y continúe batiendo durante 2-3 minutos, hasta que se formen picos suaves cuando se levante el látigo.

f) Usando una espátula de goma grande, doble un tercio de la mezcla de crema batida en la mezcla de chocolate para aligerarla.

g) Incorpore la crema batida restante a la mezcla de chocolate. Dobla las nueces tostadas y los trozos de chocolate en la mousse.

MONTAR EL PASTEL:

a) Cubra un molde cuadrado de 8 pulgadas con papel de aluminio, dejando un saliente de 2 pulgadas en dos lados opuestos del molde. Con un cuchillo de sierra largo, corte el pastel horizontalmente en dos capas de igual grosor.

b) Coloque la capa superior, con el lado cortado hacia arriba, en el fondo de la fuente. Raspe la mousse sobre la capa de pastel en el molde. Alise la parte superior con una pequeña espátula de pastel de metal. Coloque la segunda capa, con el lado cortado hacia abajo, encima de la mousse.

c) En el tazón de 4 ½ cuartos de galón de una batidora eléctrica de alta resistencia con el accesorio de batidor de alambre, combine la crema espesa, Bailey's y el azúcar glas y bata a velocidad media-alta hasta que se formen picos medio rígidos cuando se levante el batidor. .

d) Con una espátula pequeña de metal, unta la parte superior del pastel con la crema batida. Espolvorea los trozos de chocolate sobre la crema batida.

e) Congele el pastel durante 6 horas o toda la noche. Retire el pastel del congelador. Sáquelo de la sartén, usando los trozos de papel de aluminio que sobresalen como asas, y colóquelo en una tabla de cortar para que se temple durante 30 minutos.

f) Con un cuchillo afilado, recorta los cuatro lados del pastel y luego córtalo en ocho barras de 4 x 2 pulgadas. Servir en platos de postre con salsa de chocolate caliente.

98. Tarta de mousse de crema irlandesa de Bailey's

Rinde: 4 porciones

INGREDIENTES:
- 3 huevos, separados
- ¾ taza de crema irlandesa Bailey's
- 1 taza de carnes de nuez, picadas
- ⅛ cucharadita de sal
- 2 tazas de Kool-Whip
- 2 cucharadas de chocolate rallado

INSTRUCCIONES:
a) Batir las yemas de huevo hasta que tomen un color limón. Agregue sal y Bailey's. Cocine en la parte superior de la caldera doble hasta que la mezcla de yema se espese.
b) Frío. Bata las claras de huevo hasta que se especen. Combine la mezcla de huevo/Bailey's, las claras de huevo y ⅔ del Kool Whip, usando un movimiento de plegado. Incorpore ¾ de taza de las carnes de nuez. Raspe en una base de pastel horneada.
c) Cubrir con la cobertura batida restante. Espolvorea con las carnes de nuez restantes y las virutas de chocolate.
d) Congelar durante 4 horas.

99. Mousse de chocolate Bailey's

Rinde: 6 porciones

INGREDIENTES:
- 2 cucharaditas de gelatina sin sabor
- 2 cucharadas de agua fría
- 1/4 taza de agua hirviendo
- 1/2 taza de azúcar
- 2 cucharadas de cacao en polvo
- 1 1/2 taza de crema espesa muy fría
- 1/2 taza de Baileys Irish Cream muy fría
- 1 cucharadita de vainilla

INSTRUCCIONES
a) Espolvorea la gelatina sobre agua fría en un tazón pequeño; revuelva y deje reposar 1 minuto para ablandar.
b) Agregue agua hirviendo; revuelve hasta que la gelatina se disuelva por completo. Dejar reposar para enfriar.
c) Mezcle el azúcar y el cacao en un tazón grande para mezclar; agregue crema espesa.
d) Bate a velocidad media-alta hasta que se formen picos rígidos; vierta gradualmente la mezcla de Baileys, vainilla y gelatina, batiendo continuamente a alta velocidad hasta que se formen picos suaves y bien mezclados.
e) Dejar reposar 5 minutos para espesar.
f) Vierta en platos para servir y colóquelos en el refrigerador para que se enfríen.
g) Refrigere 1 hora o hasta que esté listo para servir.

100. Mousse de Baileys con pizzelle de vainilla

Rinde: 8 porciones

INGREDIENTES
- 1 caja de pudín instantáneo de vainilla
- 1.5 tazas de Baileys
- 1/2 taza de leche
- 1 taza de crema espesa
- canela
- pizzelle de vainilla para decorar

INSTRUCCIONES
a) Bate el Baileys, la leche y la mezcla de pudín instantáneo. Métela en la nevera durante 10-15 minutos.
b) Vierta la crema en el tazón de la batidora y coloque el accesorio para batir. Batir en alto hasta que se formen picos rígidos.
c) Doble la crema batida en el budín. No mezcle demasiado, algunas rayas están bien
d) Llevar a la heladera hasta que se enfríe
e) Servir espolvoreado con canela con unos trocitos de pizzelle de vainilla

CONCLUSIÓN

Las mousses generalmente se componen de cuatro componentes: la base, la espuma de huevo, un agente de fraguado y la crema batida. Las bases son el elemento de sabor de la mousse y pueden ser purés de frutas, natillas o ganache.

Las espumas de huevo agregarán ligereza y volumen a la mousse: el merengue italiano o la paté á bombe (hecho con yemas de huevo y azúcar cocida) son los más utilizados. El agente de fraguado más común es la gelatina, aunque el agar agar se puede usar como un sustituto vegetariano. Finalmente, la crema batida contribuye a la textura rica y cremosa de la mousse.

www.ingramcontent.com/pod-product-compliance
Lightning Source LLC
Chambersburg PA
CBHW070656120526
44590CB00013BA/981